誰も教えてくれなかった
プロに近づくためのパンの教科書

堀田誠

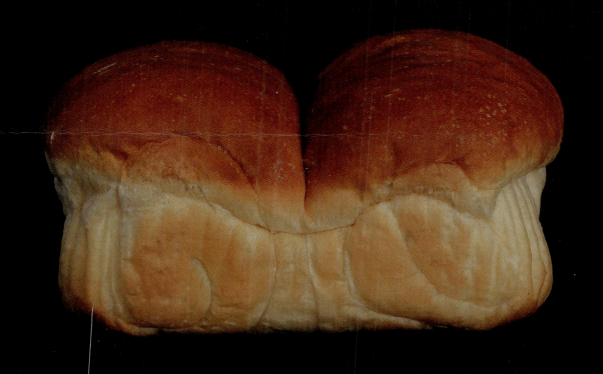

河出書房新社

はじめに

私がパン職人だったころ、いつも疑問に感じていたことがあります。
こねた方がいいパンと、こねすぎてはいけないパンがあるのはどうしてなのか？
ガスを抜いていいのか、抜かない方がいいのか？
強く丸めた方がいいのか、やさしく丸めた方がいいのか？
パンによってバラバラでよくわかりませんでした。

これらを調べようとすると、自分の知りたい情報がバラバラに存在していたので、理解するのにかなり時間がかかりました。
こだわりのパン屋さんのレシピは経験と勘と理屈に裏打ちされたものですが、レシピをただ見て作るだけではそのパン屋さんのパンと同じものは焼き上がらないことが多かったのです。

パンを作り始めて、少しこだわりのパンを作りたくなった方、昔の私の経験を通して、いろいろなパンの教科書をバラバラに分解して、もう一度自分の頭の中で組み立て直してはいかがでしょうか。その際のロティ・オランの考え方を本書でご紹介します。

まず、主材料と副材料について考え、最初にリーンな食パンとバゲットをご紹介しますが、それぞれ強力粉と準強力粉で作り方を比較します。普段使わない粉でパンを作るとき、粉が違うだけでこんなにも混ぜ方、こね方、力加減、作業工程が変わってくるものだということを知っていただけると思います。その先にいつか、自分好みのパンに近づき、少しだけプロの職人の世界に近づくことになるでしょう。

本書以外でもまだまだお話ししなければいけないことはたくさんあるのですが、本書を一つの考え方ととらえて、困ったときの参考にしてください。職人の世界のすごさが実感できると思います。

ロティ・オラン　堀田誠

CONTENTS

- はじめに ……………………………………………… 3
- そろえておきたい道具 ………………………………… 8
- ロティ・オランが考えるパン作り …………………… 10
- パンには2つの作り方がある。 ……………………… 11

主材料で作るリーンなパン

小麦粉 ……………………………………………… 14
小麦粉の成分 ……………………………………… 15
 灰分／たんぱく質 ……………………………… 15
 固さと粒度／でんぷん ………………………… 16
粉の名称 …………………………………………… 16
 「強力タイプ」と「準強力タイプ」 ……………… 17
市販の小麦粉いろいろ …………………………… 18
 強力粉（外国産小麦） ………………………… 18
 強力粉（国産小麦） …………………………… 19
 準強力粉 ………………………………………… 20
 小麦全粒粉／ライ麦粉 ………………………… 21
モルト …………………………………………… 21

酵母 ———————————————————— 22
パン作りで使う酵母 ———————————————— 22
酵母が元気に働くための5つの条件(環境) ———————— 23
- ① 温度 ———————————————————— 23
  - パン作りと「こね上げ温度」 ———————————— 23
- ② 酸素 ———————————————————— 24
- ③ 栄養(えさ) —————————————————— 24
  - 酵母の働く時間と味の関係 ———————————— 25
- ④ pH(ペーハー) ————————————————— 25
- ⑤ 水分 ———————————————————— 25
使いやすいインスタントドライイースト ———————— 25

水 ————————————————————— 26
硬度 ——————————————————————— 26
- パン作りと水の硬度 ———————————————— 27
pH(ペーハー) ——————————————————— 27
- パン作りとpH ——————————————————— 27
水分活性(結合水と自由水) ———————————— 27
- パン作りと水分活性 ———————————————— 27

塩 ————————————————————— 28
パン作りでの塩の役割 ———————————————— 29

パン作りの工程で知っておくこと

ベーカーズパーセント ──────────────── 30
外割と内割 ──────────────── 30
老麺、中種、ポーリッシュ種、湯種 ──────── 31
一次発酵 ──────────────── 31
パンチとタイミング ──────────── 32
分割・丸め ──────────────── 32
ベンチタイム ──────────────── 32
最終発酵 ──────────────── 32
焼成 ──────────────── 33

主材料で作るリーンな食パン ──────────── 34
　強力粉の場合／準強力粉の場合

主材料で作るリーンなドゥミバゲット ──────── 50
　強力粉の場合／準強力粉の場合

主材料＋副材料で作るリッチパン

糖類 ——————————————— 66
　糖類の役割 ——————————— 67

油脂 ——————————————— 68
　油脂の役割 ——————————— 69

乳 ———————————————— 70
　乳の役割 ———————————— 71

卵 ———————————————— 72
　卵黄の役割／卵白の役割／卵黄と卵白の使い方 —— 72

具材 ——————————————— 73
　甘い具材／塩味がある具材 ——————— 74
　熱が加わると溶ける具材／ドライフルーツ —— 74
　ナッツ ———————————— 75

主材料＋副材料で作るふんわり食パン（あっさりタイプ） —— 76
主材料＋副材料で作るブリオッシュ食パン（濃厚タイプ） —— 88
主材料＋副材料で作るチョコとナッツのブリオッシュ —— 96
主材料＋副材料で作るパン・ド・ミ —————— 108
主材料＋副材料で作るフォカッチャ —————— 120
主材料＋副材料で作るもっちりパン —————— 128

パンの断面でわかること ——————— 138
パン作りで聞きたかったQ&A —————— 140

そろえておきたい道具

プロに近づくためのパン作りを目指すなら、これだけはそろえておきたいという道具をご紹介します。必要な道具があると、作業がスムーズに進められるので準備しておきましょう。

大きい道具

発酵器
生地を発酵するときに使う。下段に皿がついているので、水(または湯)を入れて、生地の表面が乾かないように湿度を保つ。これは折りたたみ式でコンパクトに収納ができる。

「洗えてたためる発酵器PF102」
庫内寸:
約幅43.4×奥行34.8×高さ36cm／
日本ニーダー

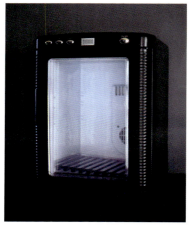

冷温庫
5〜60℃まで温度設定ができる。生地を発酵するときに使う。発酵器よりは設定温度に誤差が出やすいが、生地を長時間寝かせるときに冷暗所として使えるので便利。移動が簡単で車でも使えるのでキャンプなどにも利用できる。

「ポータブル冷温庫MSO-R1020」
庫内寸:
約幅24.5×奥行20×高さ34cm／
マサオコーポレーション(輸入元)

電気オーブン
過熱水蒸気機能付きのものがおすすめ。スチーム有りとなしで使い分けることができるので便利。ガスオーブンでもよいが温度や時間が多少異なる。本書では電気オーブンを使用。ハード系のパンは電気オーブン、ふんわりパンはガスオーブンが適している。

小さい道具

A：容器
生地を発酵させるときに使う。半透明のものがよい。

B：パニムール（耐熱シリコンペーパー付き）
天然素材（ポプラ材製）の焼き型で火が通りやすく環境にやさしい。高温でも焦げたり燃えたりしない。
大／縦17.5×横11×高さ6cm
細長／縦17.5×横7.5×高さ5cm

C：パウンド型
柔らかい生地の最終発酵をするときに生地の押さえに使う。

D：のし台
生地を伸ばしたり、分割や丸めをするときに使う。

E：オーブンシート
フォカッチャやもっちりパンなど、生地を型に入れないで焼くときに使う。

F：めん棒
生地を伸ばすときに使う。

G・H：はかり
0.1gまではかれるものが便利。Gは粉などの材料をはかるときに、Hはスプーンタイプでイーストなどをはかるときに便利。

I：ボウル
生地を混ぜたり練ったりするほか、休ませるときにかぶせる。

J：ミニホイッパー
少量の液体を混ぜるときに便利。

K：ゴムべら
生地を混ぜるときに使う。

L：カード
生地をすくったり集めたり、カットしたり、こそぎ落としたりするときに使う。

M：クープナイフ
生地に傷（切り込み）をつけるときに使う。

N・O：食品温度計
Nは生地に触れずに表面の温度がはかれ、Oは生地の中まで入れて温度がはかれる。こね上げ温度や発酵温度を確認するときに使用。

P：茶こし　Q：はけ
Pは仕上げに粉をふるときに、Qは油や卵液を塗るときに使う。

R：タイマー
発酵時間や焼成時間をはかるときに使う。

S：霧吹き
焼成のとき、オーブンに吹きかける。

ロティ・オランが考えるパン作り

主材料でリーン（シンプル）なパンを作るとき、粉、酵母、水、塩を上手に組み合わせることができれば、いろいろなパンが生まれてきます。その際、お互いの関係性を下図のように結びつけて考えます。水と小麦粉と酵母は、互いに切っても切り離せない関係性。そこに味を引き立たせる塩が小麦粉＋水（たんぱく質）と小麦粉＋酵母（酵素活性）と酵母＋水（浸透圧）に関与してきます。
主材料それぞれを細かく理解すれば、使用量や性質を変化させたいときの注意点がおのずとわかっていく、と考えています。

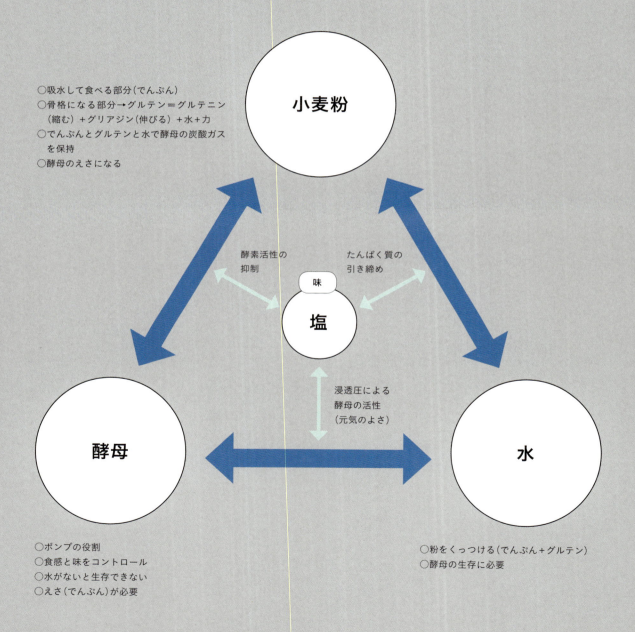

パンには2つの作り方がある。

主材料で作るリーンなパン……P13〜

主材料とは小麦粉、酵母、水、塩。
これらを使って発酵させて焼いたパンです。

＊塩は本来副材料だが本書では主材料とする。
発酵は酵母による発酵を意味し、乳酸菌や酢酸菌による発酵は考えない。

主材料＋副材料で作るリッチパン……P65〜

副材料とは糖類、油脂、乳、卵、具材。
これらを主材料のアシスト役として使って
発酵させて焼いたパンです。

主材料で作る
リーンなパン

小麦粉……P14〜

酵母……P22〜

水……P26〜

塩……P28〜

主材料で作るリーンな食パン……P34〜

強力粉の場合／準強力粉の場合

主材料で作るリーンなドゥミバゲット……P50〜

強力粉の場合／準強力粉の場合

小麦粉　FLOUR

小麦粉は小麦の種を細かく砕いたもの。種は種皮、胚芽、胚乳でできていて、この胚乳部分を細かくしたのが白い小麦粉です。胚乳部分は発芽するための栄養の貯蔵庫。糖質（でんぷん）とたんぱく質が主成分で、糖質は全体の約80％、たんぱく質は10〜15％。一口に胚乳といっても、種の中心部分〜表皮に近い部分は、いろいろな要素がグラデーションのようになっています。また、小麦の種は種類によって固さが異なり、硬質小麦、軟質小麦、中間質小麦に分けられます。またそれぞれの種は育った環境によって性質が同じになるとは限りません。

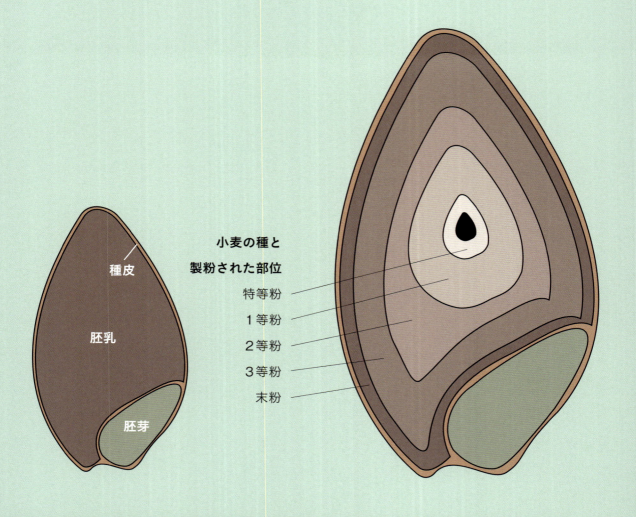

小麦の種と製粉された部位

- 特等粉
- 1等粉
- 2等粉
- 3等粉
- 末粉

種皮
胚乳
胚芽

小麦粉の成分

小麦粉は胚乳を細かくしたものなので、この中にさまざまな成分が含まれています。
部位別に成分や色、固さなどに違いがあるのでしっかりと覚えておきましょう。

胚乳の部位別要素の違い

	灰分	味の強さ	色	固さ	粒度	たんぱく質	グルテン	でんぷん	でんぷん質
表皮に近い部分（外側）	多い	濃い（強い）	グレー	固い	大きい	多い	少ない	少ない	粗悪
中心部分（内側）	少ない	薄い（弱い）	白	柔らかい	小さい	少ない	多い	多い	良質

灰分

「かいぶん」または「はいぶん」と読みます。小麦が完全に燃焼したとき、糖質や脂質、たんぱく質は飛んでなくなり、灰が残ります。これが灰分で、正体は鉄やカルシウム、マグネシウムなどのミネラル分で、多いほど味を強く感じます。強いと感じるのは0.5％前後を超える灰分量。また灰分は種の外側に多く、この部分はくすんだ色をしているので粉の色もグレー（上の表参照）。まっ白な小麦粉は灰分量が少なくなります。

たんぱく質

小麦の中のたんぱく質には、グルテンに関わるもの（グリアジンやグルテニン）とグロブリン、アルブミン、プロテオース、酵素などがあり、「たんぱく質＝グルテン」ではありません。でも「グルテン＝たんぱく質」は正解。だからグルテンは内側に多く、外側に少ないのです。これを間違えると、「たんぱく質が多ければグルテンも多い！」という解釈をしてしまうので注意が必要です。

〈灰分量と色とたんぱく質でわかる小麦粉〉

まっ白で灰分量が少なく、たんぱく質も少ない
このたんぱく質は限りなくグルテンに関わるもので、ほぼ胚乳の中心部分だけを砕いた小麦粉（中心がほぼ100％のイメージ）。味は感じにくく、とても扱いやすい。

まっ白で灰分量が多く、たんぱく質も多い
胚乳の外側に近い部分が混ざっているものを砕いた小麦粉（外側10％：中心90％のイメージ）。少し味を感じ、扱いやすい。

グレーがかっていて灰分量が少なく、たんぱく質も少ない
胚乳の外側と中心に近い部分が混ざったものを砕いた小麦粉（外側90％：内側10％のイメージ）。味を感じやすく、少し扱いやすい。

グレーがかっていて灰分量が多く、たんぱく質も多い
胚乳の外側に近い部分を砕いた小麦粉（外側100％のイメージ）。味が強く、扱いづらい。

固さと粒度

触ったときパウダースノーのようにサラサラとほぐれる小麦粉は胚乳の中心に近い部分（内側）を多く含みます。少しざらっとしていたり重い小麦粉は、外側の部分が多く含まれていると考えられます。

でんぷん

小麦の種の胚乳を砕くということは、でんぷんを砕くのと同じこと。パンを作るときは、グルテンに注目しがちですが、食味はグルテンよりもでんぷんのかたまりである炭水化物を味わいます。焼いたときのもちもちっとした食感やぱさつく食感は、でんぷんの性質によるものです。

〈健全でんぷんと損傷でんぷん〉

でんぷんは製粉のしかたによって、「健全でんぷん」と「損傷でんぷん」に分けられます。「損傷でんぷん」の方が水をたくさん吸い込むので、ベタベタしたりもちもちしたりします。また、でんぷんの構造には「アミロース」と「アミロペクチン」があり、「アミロース」はブドウ糖が直線で鎖状につながっている短い構造、「アミロペクチン」はブドウ糖が枝分かれしてつながった大きな構造で、「アミロペクチン」の方が水をたくさんとらえることができます。ですから私は「アミロース」はパラパラでんぷん、「アミロペクチン」はもちもちでんぷんと呼んでいます。

〈国産小麦はもちもちでんぷん〉

日本で栽培した中間質小麦は北米産に比べて「アミロペクチン」が多め。「キタノカオリ」という特殊な品種は、「損傷でんぷん」と「アミロペクチン」がたっぷりなので、まさにもちもちでんぷんそのものの小麦粉です。日本人はこのもちもちでんぷんを好むので、今後もいろいろなパン屋さんで使われることでしょう。

粉の名称

最近は国産小麦から粉にしたものも出回るようになりましたが、以前はアメリカやカナダで収穫した硬質小麦を輸入して、製粉会社が製粉したものがほとんどでした。名称には特等粉、1等粉、2等粉、3等粉、末粉に分けられた品質、栽培地、品種の順に書かれています。例えば「1CWレッド系」＝1等級粉で栽培地はカナダ・ウエスタン、小麦の種類はレッドスプリング小麦ということ。

「強力タイプ」と「準強力タイプ」

硬質小麦を砕いたものが「強力粉」や「準強力粉」、軟質小麦を砕いたものが「薄力粉」、中間質小麦を砕いたものが「中力粉」です。硬質小麦から薄力粉や中力粉はできません。国産小麦を砕いたものは「中力粉」と考えます。しかし、市販の小麦粉はこの線引きがはっきりとしていないことが多いため（下の表参照）、本書では強力粉＝「強力タイプ」、準強力粉＝「準強力タイプ」としています。

強力タイプと準強力タイプに分けるわけ

小麦の種類	種の形のイメージ	市販の強力粉	市販の準強力粉
硬質小麦		グルテンが多い	グルテンが少ない
中間質小麦		本来は中力粉なのに、グルテンが多いものは、「強力粉」として売られている。だから「強力タイプ」とする	本来は中力粉なのに、グルテンが少ないものは、「準強力粉」として売られている。だから「準強力タイプ」とする
軟質小麦		—	もともとグルテンの量が少ないので「薄力粉」として売られている

注意！　本来は粉の強さはグルテンの量なのに、市販のものは「たんぱく質」の多い／少ないで分けている。

〈小麦粉のタイプ別こね方〉

胚乳の外側が多い「準強力タイプ」はグルテンが少ないので、やさしくこね、胚乳の中心が多い「強力タイプ」はグルテンが多いので強い力でこねます。

	強力タイプ	準強力タイプ
硬質小麦	強くこねる	やや強くこねる
中間質小麦	やや強くこねる	やさしくこねる
軟質小麦	限りなくやさしくこねる	限りなくやさしくこねる

市販の小麦粉いろいろ

店頭にはいろいろな種類の小麦粉が並んでいます。購入するときは表示内容を見て、作りたいパンに合ったものを選びましょう。

＊たんぱく含有量、灰分は目安です。
原料事情により規格値が変更となる場合があります。

○ 強力粉（外国産小麦）

カメリヤ 1kg

たんぱく含有量 11.8 %
灰分 0.37 %

パン業界で最も有名な高級パン用強力粉。香ばしい小麦の香りとしっとりとした食感。食パンや菓子パン、テーブルロールなどに。

スーパーカメリヤ 1kg

たんぱく含有量 11.5 %
灰分 0.33 %

最高級パン用強力粉。色の白いソフトな食感と風味のよさが特徴。絹のようなきめの細かさでしっとりとしたパンに。

オーション 1kg

たんぱく含有量 13.0 % ± 0.5 %
灰分 0.52 ± 0.04 %

たんぱく量が多いので、菓子パンやふわふわパンに最適。雑穀や果実などの入ったアレンジパンにも向いている。

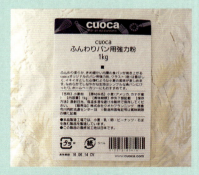

cuocaふんわりパン用 1kg

たんぱく含有量 11.7 ± 0.5 %
灰分 0.36 ± 0.03 %

ふんわりとして柔らかく、きめの細かい内層の食パンができる。シンプルな食パンに。サンドイッチにもぴったり。

グリストミル（石臼挽）1kg

たんぱく含有量 13.5 % ± 1.0 %
灰分 0.95 ± 0.10 %

良質のカナダ産小麦を石臼で挽いているので風味がいい。しかも粗く挽いてあるので味わいのあるパンに仕上がる。

1CW（カナダ産）1kg

たんぱく含有量 12.3 ± 0.3 %
灰分 0.39 ± 0.03 %

パン用小麦として世界一の評価があるカナダ産小麦を100％使用。ふんわりと伸びの良い小麦粉でもっちりとしたコシのある食感。

◯ 強力粉（国産小麦）

ゆめちから100％（北海道産）1kg

たんぱく含有量12.5％
灰分0.48％

北海道産の超強力小麦を100％使用。国産小麦で実現できなかったたんぱく含有量の高さが特徴。弾力があってもっちりとした食感。

はるゆたか100％（北海道産）1kg

たんぱく含有量11.5±1.0％
灰分0.46±0.05％

圧倒的な人気の北海道産小麦を100％使用。味わい深く甘みがあり、しっとりふんわりとした食感。あらゆるパンに。

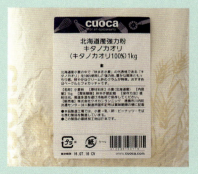

キタノカオリ（北海道産）1kg

たんぱく含有量11.5±1.0％
灰分0.49±0.05％

国産小麦の中でとても扱いやすい新タイプの強力粉。黄色みが強くきれいな色に焼き上がる。穏やかな風味で素材の味を生かす。

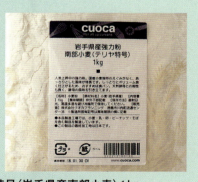

テリヤ特号（岩手県産南部小麦）1kg

たんぱく含有量10.5±0.5％
灰分0.46％

小麦粉独特のえぐみが少なく、あっさりとした風味。食パン、菓子パン、ロールパンなど、オールマイティに使える。

○ 準強力粉

リスドォル（フランスパン用）1kg

たんぱく含有量10.7％
灰分0.45％

カリッとした食感で軽い仕上がり。本格的なフランスパンを追求して作られ、国内の多くのパン屋さんで使われている。

ムール・ド・ピエール（石臼挽フランスパン用）1kg

たんぱく含有量10.5％±0.8％
灰分0.55±0.1％

甘味系のアミノ酸を多く含み、本場フランスの小麦を配合しているので他のフランスパン用準強力粉より甘みを感じる。

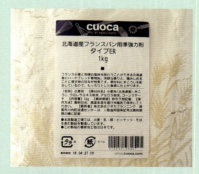

タイプER（北海道産フランスパン用）1kg

たんぱく含有量10.5％
灰分0.66％

フランスパンやライ麦パン、天然酵母を使ったパンなどのハードブレッド用の専用粉。やや黄みがかった色でパリッと仕上がる。

スローブレッドクラシック（フランスパン用）1kg

たんぱく含有量11.5±1.0％
灰分0.6±0.1％

小麦本来の濃くて深い味わいのあるパンに仕上がる。その年ごとに使用する原料を変更しながら品質を一定に保っている。

○ 小麦全粒粉　　○ ライ麦粉

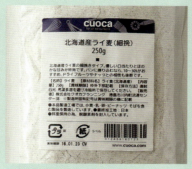

石臼挽全粒粉500g

たんぱく含有量14.0% ± 1.0%
灰分1.50 ± 0.15%

北米産のパン用小麦を石臼で挽いた全粒粉。石臼挽き特有の味わいや風味があり、ミネラルや食物繊維などの栄養素も豊富。

ライ麦粉（細挽）250g

たんぱく含有量7.5%
灰分1.6%

風味豊かで独特の酸味と甘みを楽しめる。風味がしっかりしているのでどっしりしたドイツパン向き。ソフト系のパンには少量加える。

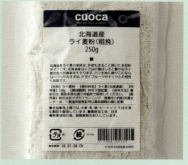

ライ麦粉（粗挽／北海道産）250g

たんぱく含有量7.5%
灰分1.6%

北海道産ライ麦ならではの豊かな香り。パン生地に練り込むなら10〜30%がおすすめ。ドライフルーツやナッツとの相性も抜群。

モルト

モルトとは発芽したての大麦（麦芽）から作られたもので、シロップタイプとパウダータイプがあります。でんぷん分解酵素（アミラーゼ）活性が高く、小麦粉の中の損傷でんぷんを分解して酵母のえさとなるデキストリンやブドウ糖を生み出します。特にフランスパンのように生地に糖類を加えないパンの場合、酵母を早く元気にして小麦粉のでんぷんをブドウ糖に分解する必要があるため、モルトを使います。でんぷんは分解されますが、グルテンは分解されていないので生地がゆるみます。

2タイプのモルト
パウダータイプ（左）とシロップタイプ。パウダータイプは保存しやすいのが利点。シロップタイプは水に溶けやすく、ほんの少し甘さと香ばしさがプラスされる。

酵母

YEAST

酵母は英語で「Yeast」（イースト）といい、市販のイーストや天然酵母、自家培養酵母もすべてこのイーストです。酵母の中でパン作りに使うものは「サッカロミセス・セレビシエ」。セレビシエ種の中のエール株、バヤナス種の中のワイン株、パストリアヌス種の中のラガー株（エール株とワイン株をかけ合わせたもの）をおもに使います。

パン作りで使う酵母

そもそもイーストはすべて天然酵母で、主役になるのはエール株です。製法によって三つのグループに分けられ、一つは工場で大量に作る（培養する）酵母で「市販のイースト」と呼ばれるもの。二つ目は工場＋人の手で作る（培養する）酵母で「市販の天然酵母」と呼ばれるもの。三つ目は自分で作る（培養する）「自家製酵母」。これらは単一酵母（酵母を1種使う）で作る場合と複合酵母（酵母を2種以上使う）で作る場合がありますが、工場で作るものは単一酵母、自家製酵母は複合酵母になることもあります。また単一酵母であっても、製品によって酵母の種類が異なるので、働き方に多少違いが出てきます。

では、三つの酵母はどう使い分けたらいいでしょう。イメージでは「市販のイースト」はプロ野球選手、「市販の天然酵母」は社会人野球選手、「自家製酵母」は草野球選手といった感じ。確実にきっちりとパン作りをするならプロ野球選手、運動能力が高く、楽しみながらパンを作るなら社会人野球選手、ときどきエラーもするけれど、それも含めて楽しむパン作りをするなら草野球選手と考えて、それぞれの楽しみ方で使えばいいと思います。

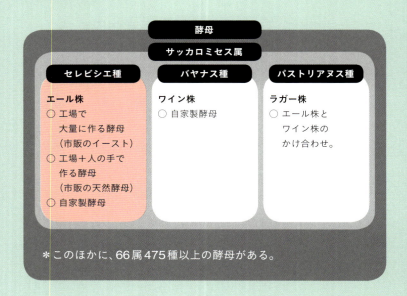

酵母の分類

＊このほかに、66属475種以上の酵母がある。

酵母が元気に働くための5つの条件（環境）

酵母は食べたえさを分解したエネルギーで元気になります。そのえさを分解する役割を果たすのが酵素です。酵母が元気に働くためには、酵素を元気にすること。酵素はたんぱく質が主成分で、水の中でものを合成したり（くっつける）、分解する能力を持っています。「分解」とは水の中で働くハサミをイメージしてください。このハサミが使えるのは1種類だけ（基質特異性）です。麦芽糖を分解するハサミ（酵素）は麦芽糖だけに働き、ショ糖も脂質も分解することはできません。

① 温度

酵素も酵母も適温は4～40℃といわれます。酵素は生き物ではなく、生き物の体の中で行う分解を助ける役目（生体触媒）を担うもので、熱エネルギー（温度）がないと働きません。4℃になると分解を始め、30～40℃でハサミの切るスピード（酵素活性）が頂点に達し、そこを超えると一気にスピードが下がります。また酵素はたんぱく質でできているので、50℃を超えると熱によるショックでたんぱく質がゆがみ、60℃を超えるとたんぱく質が壊れて元に戻らなくなります（熱変性）。酵母は体内にある酵素がうまく働くと、栄養を効率よく分解してエネルギーを取り出し、元気に増殖することができます。

パン作りと「こね上げ温度」

リーンなパンの場合は、でんぷんが分解されるまでに時間がかかるため、いきなり酵母の適温にしてしまうと、えさが足りなくなることもあります。だからリーンなパン作りでは適温の手前にこね上げ温度を設定するのです。

リッチなパンの場合は、えさとなる砂糖を加えるのでえさ不足になることはありません。適温ぎりぎりにこね上げ温度を設定すれば、生地がゆるみすぎる前に膨らんで、きれいなパンが作れます。またこね上げ温度を30℃以上にすると、酵素はよく働きますが分解による熱エネルギーが多くなり、温まりすぎて酵素が働きにくくなるため失敗につながります。もし温度が上がりすぎた場合は、パンチや分割をして生地の温度調整をすればいいのです。そうすれば酵母のえさがある限り、酵素はずっと元気よく働き続けて酵母は元気になり、パンがよく膨らみます。

こね上げ温度と生地の状態

こね上げ温度	生地の状態
低すぎる（5～10℃）場合	酵素が働きにくいので酵母の元気がなく、生地は膨らみにくい。
10～20℃の場合	酵素も酵母もゆっくり働き、生地は膨らむが横に広がる。
20～25℃の場合	酵素も酵母も働き、生地はそこそこ膨らむ。
25～30℃の場合	酵素も酵母もとても元気に働き、生地は縦にも横にも膨らむ。

② 酸素

発酵とは酵母が行う生命活動で人間に有益な反応のこと。狭義の意味で「アルコール発酵」のことをさします。でも「アルコール発酵」だけではパンは膨らみません。酵母は呼吸をしているので、「酸素」が必要です。パンが膨らむのは、酸素を必要としない「アルコール発酵」と「酸素」を必要とする「呼吸」があってこそ。「アルコール発酵」だけだと時間がかかってアルコール臭の強いパンになります。だから「呼吸」も必要になり、酸素は不可欠です。これは化学式をみれば明らかです。

アルコール発酵

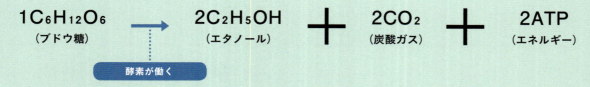

$$1C_6H_{12}O_6 \text{(ブドウ糖)} \rightarrow 2C_2H_5OH \text{(エタノール)} + 2CO_2 \text{(炭酸ガス)} + 2ATP \text{(エネルギー)}$$

酵素が働く

＊ATP＝えさの中に閉じ込められたエネルギー。

呼吸

$$1C_6H_{12}O_6 \text{(ブドウ糖)} + 6O_2 \text{(酸素)} \rightarrow 6CO_2 \text{(炭酸ガス)} + 6H_2O \text{(水)} + 38ATP \text{(エネルギー)}$$

酵素が働く

同じブドウ糖1個（栄養）から「アルコール発酵」は2、「呼吸」は38ものエネルギーが得られます。その差は「呼吸」に「酸素」が加わっていること。酸素があることで6個もの炭酸ガスを生み出します。これが人間の場合なら炭酸ガスだらけになって死んでしまうのですが、酵母の場合は「アルコール発酵」に切り替えて、酸素なしで生き延びるエネルギーを得る（貯金する）のです。

③ 栄養（えさ）

酵母の体内にある酵素が元気に働いてエネルギーを生み出すためには、栄養を効率よく分解することが大切です。えさは小麦粉に含まれるでんぷんから切り出された麦芽糖を主食にする酵母（リーンなパン向きの酵母で麦芽糖分解酵素の活性が高い）と砂糖（ショ糖）を主食にする酵母（耐糖性の酵母でショ糖分解酵素の活性が高い）があります。パン作りにはどちらの酵母を使ってもOKです。

酵母の働く時間と味の関係

パンを長時間かけて作ると、生地はゆっくりと膨らんで、グルテンがゆるむので少し横に広がって、重めのパンになります。前述のこね上げ温度（P23参照）のところでいいましたが、でんぷんを酵素が分解してえさとなる麦芽糖にするまでに、酵母がえさ不足になってしまい、普段はえさにしないたんぱく質や脂肪も分解してなんとかエネルギーを生み出そうとします。するとアミノ酸などの有機酸やアセトアルデヒド、ケトン体などの苦みやえぐみ、エステルなどの香り（副産物）が少し出てきて、これがパンの味わいになるのです。だから短時間で作るパンはふわふわだけれど副産物が少ないので味が薄く、長時間で作るパンは固くずっしりとしているけれど副産物が多いので旨みが濃くなるのです。

④ pH（ペーハー）

pHは5〜6の弱酸性で酵母の活性が高くなります。酸性やアルカリ性に強く傾くと、酵母も酵素もたんぱく質なので変性を起こしてしまい、壊れてしまいます。

⑤ 水分

ハサミ（酵素）は水の中で働くので、水分は不可欠です。

使いやすいインスタントドライイースト

市販のドライイーストは生イーストを乾燥したものですが、乾燥する段階で酵母が一部死滅することもあるため、安定した働き方ができません。だからぬるま湯と砂糖で予備発酵をして使います。この欠点をクリアしたのがインスタントドライイースト。これは生イーストを乾燥させる際にビタミンCなどを加えて酵母を安定させたもの。粉に直接混ぜることができ、安定した発酵力で使いやすいのが魅力です。本書でもこれを使用しています。写真はフランス・saf（サフ）社製のインスタントドライイースト。金（右）は耐糖性タイプで粉に対して糖分12％以上の生地に使用可能。赤、金共に125g。

〈自家製酵母〉

自家製酵母は酵母と酵素の特性を利用して、弱酸性、酵母の適温、豊富なえさがある環境を意識して作ります。いろいろな自家製酵母の起こし方があるので、その一例として、フルーツ種の作り方を簡単にご紹介しましょう。酸味のあるフルーツを潰したものとその皮（酵母がたくさんくっついている）を瓶に入れ、砂糖（えさ）を少し入れてぬるま湯で混ぜ、炭酸ガスが出てきたら瓶を振って抜きます。アルコール臭が強くなってきたら元気がなくなる危険性があるので冷蔵庫（4℃以下）に入れます。こうして育てると完成。このエキス（酵母液）に小麦粉（えさ）を加えると、でんぷんを食べる酵母が増えてさらに膨らみます。
＊自家製酵母はほかに、ライ麦を使ったライサワー種や小麦ルヴァン種、パネトーネ種、ホワイトサワー種などがある。

水　WATER

パン作りで水を使う意味は、一つは小麦粉に対する吸水、もう一つは酵母の生育に必要な環境をととのえることです。前者にはパン作りの骨格になるグルテニンとグリアジンをつなげてグルテン形成をすることと、小麦でんぷんに対して直接吸水することが必要で、生地の固さ調整にも影響してきます。後者は酵母が生育していくために水は必要不可欠で、水があるからこそ酵素が働きます。また酵母への栄養（糖）などの溶剤としての機能や温度調節の機能もあわせ持ちます（こね上げ温度に大きく影響）。ですから仕込み水温や温度環境は経験を重ねて覚えていくことが大切です。水を扱う上で知っておくことは、硬度とpH、水分活性（結合水と自由水）の3つです。

硬度

硬度とは水の中に溶け込んでいる無機塩類（ミネラル）を炭酸カルシウム塩に換算したものを数字で表したものです。無機塩類（ミネラル）にはナトリウム、マグネシウム、カルシウム、鉄などがありますが、これらの量は単純に比較することができません。それは野球選手とサッカー選手と競泳選手でだれが一番運動能力が高いかを比べるようなもの。この場合は共通のスポーツテストをして総合評価するでしょう。これと同じイメージです。単純にナトリウムの量が多いからといって、硬度が高くなるわけではないし、マグネシウムなどは量が少なくても高い硬度を示す場合があります。あくまでも硬度の数字は換算したもので、内訳を表しているものではないのです。マグネシウムや鉄などが多いとえぐみを強く感じたり、ナトリウムやカルシウムなどは塩味を感じたりするため、同じ硬度でも水の味の感じ方は異なります。

パン作りと水の硬度

パン作りでは水の硬度は生地の引き締まり方に関わります。硬度が0だと生地は引き締まりにくく、硬度が高いと生地が引き締まりすぎて膨らみにくくなります。そこでグルテンの量によって、この硬度を使い分けます。グルテンが多くできたものやそれほど柔らかくない生地は、低い硬度でほどよく引き締めればきれいな形に膨らみます。逆にグルテンが弱すぎるものや柔らかすぎる生地は、高い硬度で形を少し残すことができます。一般的にしっかりこねるバターロールやパン・ド・ミなどでは、硬度60ぐらいの水を使うときれいな形に仕上がります。日本の水道水の硬度はだいたい30～50。フランスパンなどはフランスの水道水の硬度(200～300)に近づけると、本場に近いものに焼き上がるはずです。

硬度 0mg/L「純水」　硬度 30mg/L「南アルプスの天然水」　硬度 60mg/L「ボルヴィック」　硬度 304mg/L「エビアン」　硬度 1468mg/L「コントレックス」

pH（ペーハー）

pHとは水に溶けている水素イオン濃度を数字で表したもの。相手を酸化もしくは還元させる力の強さを示しているので、pHを調整することは相手を強力にもするし、弱体化することにもなります。pHは7を中性とし、数字が7よりも高くなっていくとアルカリ性、7よりも低くなっていくと酸性になります。そして7から遠ざかるほど、強アルカリ、強酸性となって影響力が強くなります。

パン作りとpH

パン作りではpHがたった1違うだけで、大きな影響を及ぼすことになります。1違うと10倍、2違うと100倍(対数関数の計算式から)もの影響力を及ぼします。だからpH値は小数点1位まで細かく書かれていることが多いのです。酵母の説明でも一部述べましたが、ほとんどの酵母は弱酸性(pH=5～6)でとても元気になるので、仕込み水もアルカリ性よりほんの少し酸性の水を使った方が、酵母が早く元気になります。ただし、酸性が強すぎると酵母が元気なpHを超えるので、膨らみにくい生地になってしまいます。

水分活性（結合水と自由水）

水は生地の中で「結合水」と「自由水」の二つに分かれて存在します。「結合水」はたんぱく質や糖、塩などとしっかりと結びつき、水分子が動けなくなっている状態。0℃以下で凍りにくく、100℃で気化しにくい。水が必要な微生物も利用することができないため、腐敗しにくいです。「自由水」は「結合水」以外の水のことをいい、凍りやすく、気化しやすく、微生物が利用しやすいので、腐敗しやすい性質があります。

パン作りと水分活性

パン作りでは、「結合水」を多くするとしっとりとして長持ちします。しかし、酵母を元気にするために「自由水」が豊富にあることも必要です。たんぱく質や塩分量、糖分量が多すぎるものは「結合水」が増えますが、「自由水」が少なくなるため、酵母は元気になりにくくなります。しっとりを目指しすぎて「結合水」だらけにしないこと。例えば、シロップ100％の仕込み水にしてこねると、しっとりしますが膨らまないパンになってしまうので注意が必要です。この「自由水」と「結合水」の割合を表したものが「水分活性」です。「自由水」100％＝「水分活性」1とし、「水分活性」がより小さくなればなるほど、微生物が繁殖しにくくなります。

塩

SALT

塩はパン作りで小麦粉や酵母、水に働いて、味や生地の引き締めなどに影響を及ぼします。いろいろな塩がありますが、パン作りで使う塩はミネラル分を多く含む自然塩を使うといいでしょう。

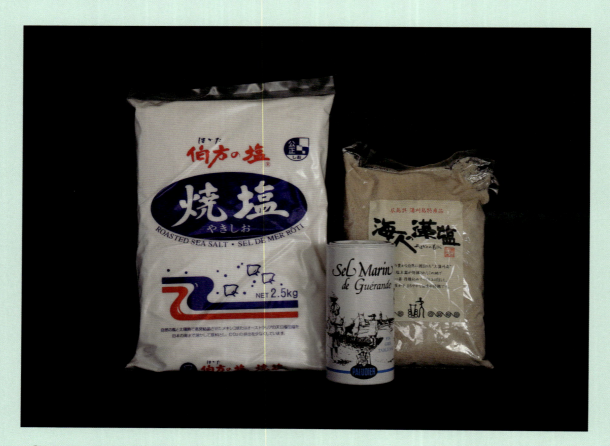

「伯方の塩　焼塩」／伯方塩業
メキシコとオーストラリアの天日塩田塩を日本の海水で溶かしたものを原料にしているのでにがりがほどよく残っている。

「ゲランドの塩」（顆粒・海塩）
フランスのブルターニュ半島のゲランドの塩田で海水から作られた味わいのある塩。ミネラル成分も多く含んでいる。

「海人の藻塩」／蒲刈物産
瀬戸内海の海水と海藻を使ってできた塩なので、天然の旨みやミネラルを多く含む。苦みのないまろやかな味。

パン作りでの塩の役割

大きく4つの役割があります。

① 味を引き立たせる（対比効果）

異なる味があるときに、一方の味がもう一方の味を強く引き立てる効果。リーンなパンでは小麦粉の味を引き立たせる。

② たんぱく質の変性（アミノ基やカルボキシル基）

グルテンなどのたんぱく質を溶かしたり変性することで生地を引き締め、酵素にも働いて酵素活性の抑制につながる。

③ 結合水を作って、微生物の繁殖を抑える

結合水を作るので保水力は高まるが、微生物の繁殖を抑えて酵母が働きにくくなる。糖を食べるスピードが抑えられるので、焼き色が少しつきやすいパンになる。

④ 浸透圧が高くなって脱水作用を起こす

浸透圧が高くなると酵母の内側から水分を奪い、酵母が働きにくくなる。

塩の使い方

塩はグルテンを引き締めるだけでなく味にも大きな影響を及ぼします。グルテンの量によって量の加減をしたり、種類を使い分けましょう。

A グルテンが多いときは、塩を多く使いすぎるとグルテンが強く引き締まりすぎて伸びにくい生地になってしまうので量を控える。

B グルテンが少ないときは、塩を多めに使うと少ないグルテンでも引き締まって保形性がよくなる。また、塩味が強くなるので、にがり成分が多めの塩を選ぶと塩味を弱く感じる。

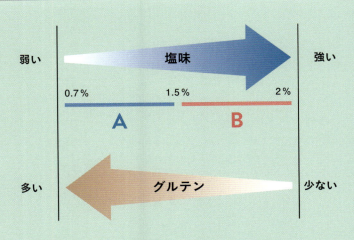

パン作りの工程で知っておくこと

ベーカーズパーセント

材料の分量を示すとき、粉の量を100%とし、その他の材料を粉の量に対する割合で示すのがベーカーズパーセント（国際表示で確立）です。材料全体に対しての割合ではないので、合計すると100%を超えています。これはパンの配合で最も多いのが粉なので、基準にするのに適しているから。ベーカーズパーセントがあると、少量の生地でも大量の生地でも、材料の計算が簡単に割り出せます。

例えば強力粉100％、
砂糖5％とすると、

100gの粉を使うなら砂糖は $100 \times 0.05 = 5g$
1000gの粉なら砂糖は $1000 \times 0.05 = 50g$

と計算すればいいのです。

外割と内割

外割とはベーカーズパーセントのこと。粉の量を100%としたときの材料の割合です。内割とは材料全体の量を100%としたときの各材料の割合で、パン作りでは材料表の粉の割合だけを内割100%で表示するのが通常です。

老麺、中種、ポーリッシュ種、湯種

パンを作るとき、材料を1回で使う「直ごね」が基本ですが、少しこだわってパンを作るときは、あらかじめ種と呼ばれる生地を別に作って加えます。種を加えると味や風味、食感がアップしておいしいパンができます。ここではよく使う発酵生地3種と湯種をご紹介します。

老麺（ろうめん）
（パン生地そのもの）

生地を作るときに、前日に作った生地の一部を入れて混ぜ合わせて作る方法。熟成した生地を混ぜることで風味豊かなパンになる。

- 味や風味がよくなる。
- グルテンを上のせすることになるので、こねる時間を短縮できる。
- 弱酸性のpHだから本ごねで加える酵母が安定する。
- 粉と水が長時間くっついているので、保水力を維持できる。
- 種の粉は、粉100％の外割。

中種（なかだね）
（ぎゅうぎゅうの状態）

粉の一部に水とイーストを混ぜ、発酵したのちに残りの材料を加えて混ぜて生地を作る方法。2回に分けて混ぜることで、グルテンの伸展性がよくなって安定したパンができる。

- 味と風味が多少よくなる。
- 生地が固めなので微生物が動きにくいため、酵母を多めに加える。
- グルテン骨格が強く残っているので、こねる時間を短縮できる。
- 弱酸性のpHだから本ごねで加える酵母が安定する。
- 固めの種で、粉と水がくっついて保水力が少し高い。
- 発酵時間が短縮できる。
- 種の粉は、粉100％の内割。

ポーリッシュ種
（シャバシャバの状態）

あらかじめ小麦粉の一部に、水、イーストを加えて発酵させて生地を作り、これを生地を作るときに混ぜる。小麦粉と水の量を同量にするのがポイント。事前に発酵させることで生地の伸展性や味がよくなる。

- 味と風味がさらによくなる。
- 液体に近い柔らかさで微生物が動きやすいため、酵母は少なめに加える。
- グルテン骨格が弱く切れやすいので、ザクザクパンになる。
- 弱酸性のpHだから本ごねで加える酵母がとても安定する。
- 柔らかめの種で、粉と水がくっついて保水力が高い。
- 発酵時間は長めにする。
- 種の粉は、粉100％の内割。

湯種（ゆだね）
（もちもちの状態）

粉を熱湯でこねて、粉の中のでんぷんをα化（糊化）させたものを生地の中に混ぜる。もっちりとした食感でおいしい状態が長持ちする。

- 味や風味は変化がない。
- 熱変性でグルテンの上のせはほとんどない。
- pHなどによる酵母の安定はない。
- 熱によって小麦でんぷんがα化し、保水力はかなり高い。
- 種の粉は、粉100％の内割（グルテンが損なわれているので30％程度にする）。

一次発酵

こね上げた生地に含まれている酵母が、グルテン骨格の間に炭酸ガスの気泡を作っていく過程。酵母はまわりに酸素があると呼吸しながら糖を分解して主産物である炭酸ガスをたくさん作ると同時に、風味や旨み、香り成分などの副産物をほんの少し作ります。そして炭酸ガスが増えすぎてくると元気がなくなり、アルコール発酵に切り替えて糖を分解していき、副産物を徐々に蓄積します。ポイントはふわふわパンにするなら、酵母を元気にするプロセスを重視し、旨みが強くしっかりしたパンを作るなら、副産物の蓄積を促す工程を重視することです。

パンチとタイミング

こね上げから分割まで（一次発酵）の工程でパンチを行います。この間の生地の状態とパンチのタイミングが大切なわけを知っておきましょう。

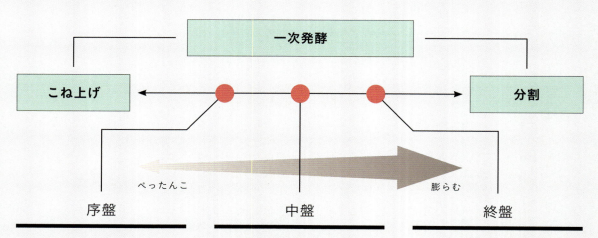

こね上げ後、まだ気泡ができていない状態で行うパンチは、グルテンの強化を目的とします。

グルテンを強化します。酵母が元気に働いて気泡が多くなると炭酸ガスが多くなっている証拠。酵母は呼吸からアルコール発酵に切り替えるので力が低下します。そこで、再度呼吸を導くためにパンチをして炭酸ガスを抜きます。

グルテンの強化と酵母を元気にします。生地の発酵はこね上げ後から外部温度と生地温度のズレが始まっているため、一次発酵の後半になればなるほど、気泡の大きさがずれてきます。そこで生地の内側を外に出して薄くした後に折り返すパンチを行って、温度の均一化と気泡の均一化を促します。

分割・丸め

一つひとつのパンの形と重さをそろえて、一次発酵でずれたグルテン骨格のゆるみや気泡の大きさをそろえるために行います。目的の形に伸ばしやすいようにグルテンの向きをそろえ、成形のときの力に耐えられるような強い骨格にします。

ベンチタイム

分割・丸めでととのえた気泡は、再びずれながら大きくなり、強くしたグルテン骨格も少しほぐれてきます。そのため、伸びやすく成形しやすい状態にするために生地を少しゆるませる工程です。

最終発酵

一次発酵と似ていますが、成形でととのえた気泡とグルテン骨格をさらに伸ばして、目的の食感と風味、旨み、香りを決める最後の工程です。

焼成

焼成はパンを伸ばす時間と固める時間とに分けて考え、最終発酵で生地がどのくらい膨らんだか（膨張率）で温度や時間が異なります。ここでいう生地とはこね上げ直後の生地で、気泡がまだできていない状態。この生地を1として、最終発酵で膨らんだ生地の倍率を考えます。

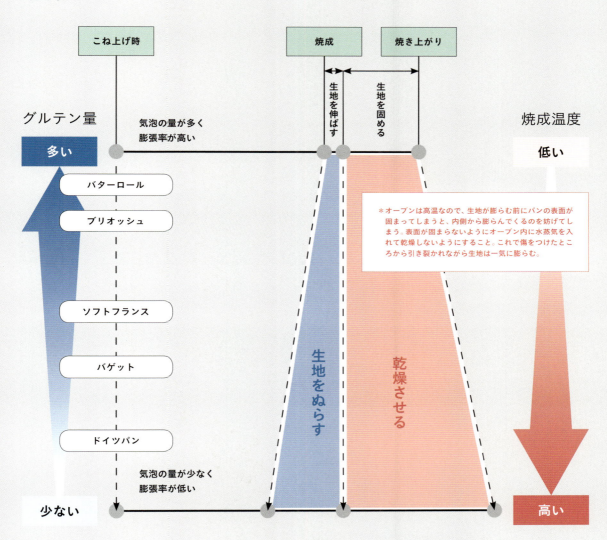

*オーブンは高温なので、生地が膨らむ前にパンの表面が固まってしまうと、内側から膨らんでくるのを妨げてしまう。表面が固まらないようにオーブン内に水蒸気を入れて乾燥しないようにすること。これで傷をつけたところから引き裂かれながら生地は一気に膨らむ。

こね上げ時にグルテン量が多い生地
最終発酵で生地を目いっぱい膨らませ、グルテンがしっかりゆるんでから焼成する。生地は薄い膜状になっているため、焼成温度はやや低め。まずグルテン（たんぱく質）が熱変性で壊れてパンの骨格が固まり、次にたくさんの気泡に熱が伝わってさらに生地が膨らみ、でんぷんがしっかりとα化して水分を含んだ状態で短時間で焼き上がる。

こね上げ時にグルテン量が少ない生地
最終発酵で生地を目いっぱい膨らまさないで、ある程度グルテンがゆるんだら表面に少し傷をつけて焼成する。生地は厚めの膜状になっているため、焼成温度は高温。生地に熱が伝わりにくくグルテン（たんぱく質）が熱変性で壊れにくいため、パンの骨格が固まるのに時間がかかる。気泡にも熱が伝わりにくく生地はゆっくり膨らみ、でんぷんがしっかりとα化して水分を含んだ状態で、焼き上がるのに長時間かかる。

強力粉の場合

コシが強いので生地の伸びはよくありません。
ぎゅっと締まった感じに仕上がり、中はもっちりとし、
皮をかむとちぎれにくいのが特徴。

主材料で作る リーンな食パン

準強力粉の場合

コシが弱いので生地が伸びて破れるように膨らみます。
気泡の大小があちこちにできるため、軽い食感ですが、
均一の食感にはなりません。

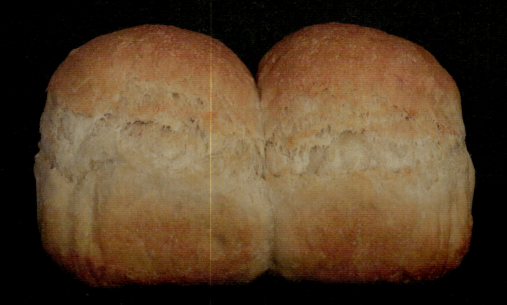

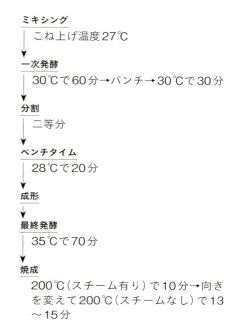

		ベーカーズ%
強力粉(スーパーカメリヤ)	200g	100
*ポリ袋に入れて計量する。		
インスタントドライイースト	1.6g	0.8
塩	3.6g	1.8
水	144g	72
Total	349.2g	174.6

ミキシング
↓　こね上げ温度27℃
一次発酵
↓　30℃で60分→パンチ→30℃で30分
分割
↓　二等分
ベンチタイム
↓　28℃で20分
成形
↓
最終発酵
↓　35℃で70分
焼成
　200℃(スチーム有り)で10分→向きを変えて200℃(スチームなし)で13〜15分

材料	パニムール(大)各1個分		工程

		ベーカーズ%
準強力粉(タイプER)	200g	100
*ポリ袋に入れて計量する。		
インスタントドライイースト	1.6g	0.8
塩	3.6g	1.8
水	144g	72
Total	349.2g	174.6

ミキシング
↓　こね上げ温度27℃
一次発酵
↓　30℃で60分→パンチ→30℃で20分
分割
↓　二等分
ベンチタイム
↓　28℃で10分
成形
↓
最終発酵
↓　35℃で50分
焼成
　200℃(スチーム有り)で10分→向きを変える→200℃(スチームなし)で13〜15分

強力粉の場合

ボウルに塩を入れ、水を加えてゴムべらで混ぜて溶かす。

粉の袋にイーストを入れて袋をふって混ぜ、粉をボウルに加える。

> 粉に水を加えるより、水に粉を加えた方が混ざりやすい。

ミキシング

準強力粉の場合

ボウルに塩を入れ、水を加えてゴムべらで混ぜて溶かす。

粉の袋にイーストを入れて袋をふって混ぜ、粉をボウルに加える。

> 粉に水を加えるより、水に粉を加えた方が混ざりやすい。

粉と水を合わせるのが混ぜるより先なので、下からすくって返す。

混ぜる回数が準強力粉より多いのに、まだこの状態。

この状態になるまでに**時間がかかる**。粉と水の量は準強力粉と同じなのに**生地が固い**。

ゴムべらで粉が少し残るくらいまで混ぜ、台に出す。

ゴムべらで粉が少し残るくらいまで混ぜ、台に出す。

粉と水を合わせるのが混ぜるより先なので、下からすくって返す。

混ぜる回数が少ないのに、もうこの状態。

強力粉より**早く混ざる**。粉と水の量は強力粉と同じなのに**生地が柔らかい**。

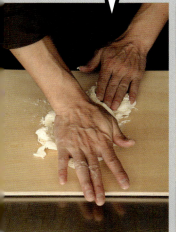

生地が固いので、手のひらを使って強く力を加える。

力を強くかけて均一の生地にする。

指先でダマをつぶしながらハの字を書くようにして生地を広げる。

カードですくって中央にまとめる。

指先でダマをつぶしながら生地を広げる。

カードですくって中央にまとめる。

生地が柔らかいので、指先を使ってやさしく広げる。

ここまではやさしく生地を扱う。

タオルを手でゴシゴシ洗う要領で。

「手のつけ根で伸ばす→半分に折る」を20回繰り返す。

力強く、回数も多くしないと生地がまとまらない。

「台に打ちつける→二つに折る→向きを変える」を6回×6セット行う。
1セットごとに台に打ちつける力を「弱→強」にする。

「台に打ちつける→二つに折る→向きを変える」を6回×3セット行う。
1セットごとに台に打ちつける力を「弱→強」にする。

強力粉より回数が少ない。やりすぎると生地がちぎれるので注意!

こね終わり。**コシが強**いので、引き締まった感じ。

ボウルをかぶせて3分おく。

しっかり力をかけて折る。

半分に折って端を折り込む。

ぎゅっと力をかける。

向きを変えてもう一度半分に折って端を折り込む。

こね終わり。**コシが弱**いので、少し横に広がる。

ボウルをかぶせて3分おく。

生地を台に打ちつけて半分に折る。

持ち上げるだけで生地が伸びる。

やさしく扱うこと。

両手で丸く形をととのえる。
容器に入れる。

べたつかないので、手に生地がつかない。

こね上げ温度
27℃

〈 発酵前 〉　〈 発酵後 〉

コシが強いので、中央が丸く膨らむ。

30℃で60分 発酵。

一次発酵

30℃で60分 発酵。

向きを変えて同様に台に打ちつけて、半分に折る。
両手で丸く形をととのえて容器に入れる。

こね上げ温度
27℃

〈 発酵前 〉　〈 発酵後 〉

コシが弱いので、持ち上げようとするとこんなに伸びる。

生地がべたつくので、手早く行う。

コシが弱いので、全体がなだらかに膨らむ。

生地が固いので、粉は薄く！しっかりカードを差し込んでも生地がくっつかない。

引きずり出す感じで取り出す。

手につける粉も少なめに。

台と生地のまわりに打ち粉を薄くふり、容器の四辺にカードを差し込んで、生地を台に出す。

指先に粉をつけて生地を広げ、四角に伸ばす。

パンチ

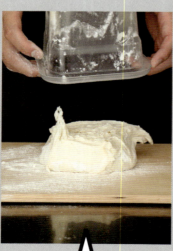

指先に粉をつけてやさしく四角に伸ばし、片方の辺を中央より少し外側に折る。

台と生地のまわりに打ち粉を多めにふり、容器の四辺にカードを素早く差し込んで逆さにし、生地を台に出す。

生地がべたつくので、カードを差し込んだらすぐに抜く。

力をかけないで自然に落ちてくるのを待つ。

べたつくので手につける粉は多めに。

手にくっつきやすいので、触りすぎないこと。

 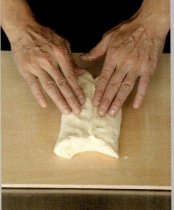  

指のあとが残るくらい **しっかり** 押さえる。

両側から中心に向かって折る。

軽く押さえて気泡を抜く。

手前から中心に向かって折る。

粉をはらって軽く押さえて気泡を抜き、反対の辺を端まで折る。

やさしくたたいてならす。

指のあとが少し残るくらいの **やさしい力** で押さえる。

生地のコシが強いので、そのまま容器へ。

容器に生地がくっつかない。

〈 発酵前 〉

奥側から中心に向かって折り、とじ目をしっかり押さえる。
とじ目を下にして容器に入れる。

30℃で30分 発酵。

30℃で20分 発酵。

粉をはらって手前から奥側に生地を折りたたみ、両サイドから下側に生地を折る。
手にのせて形をととのえ、容器にそっと入れる。

〈 発酵前 〉

コシが弱いので、さらに両サイドから力をかける。

生地を折り込んでコシを強くする。

容器に生地がつきやすい。

コシが強いので、発酵時間を長くしないとぎゅっと締まって膨らみにくい。

〈発酵後〉

台と生地のまわりに打ち粉を軽くふる。

引きずり出す感じで取り出す。

容器の四辺にカードを差し込んで生地を台に出す。

カードで半分にカットする。

分割

〈発酵後〉

コシが弱いので膨らみやすい。時間をかけると、コシが抜けて生地がつぶれやすくなる。

台と生地のまわりに打ち粉を多めにふる。

容器の四辺にカードを差し込んで逆さにし、台に出す。

力をかけないで自然に落ちてくるのを待つ。

カードで半分にカットする。

計量して同量にする。 | やさしく押して広げ、手前から奥側に二つに折る。 | 向きを変えて もう一度折る。

計量して同量にする。 | 手前から奥側に二つに折ってとじ目を上にする。 | 向きを変えて もう一度折る。

コシが弱いので、生地を広げなくてもよい。

力をしっかり加えて形をととのえる。	コシが強いので、時間をかけて生地をゆるませる。	強く押しても生地は広がりにくい。	2回折るだけでコシは強くなる。これは1回目。
			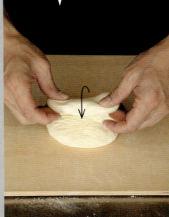
形をととのえる。もう一つも同様に行う。	ぬれぶきんをかけて、**28℃**で**20分**休ませる。	とじ目を上にして置き、手で押して丸く広げる。	手前から奥側に二つに折る。

ベンチタイム ・・・・・・・・ **成形**

形をととのえる。もう一つも同様に行う。	ぬれぶきんをかけて、**28℃**で**10分**休ませる。	台に軽く打ち粉をふり、生地をひっくり返して置く。手のひらでやさしく押さえながら丸く形をととのえる。	奥側から手前に二つに折って、手で押さえる。
			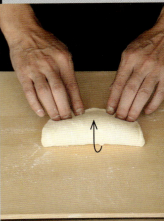
やさしい力で形をととのえる。	コシが弱く生地がすぐにゆるむため、時間は短め。	べたつくので打ち粉をふる。やさしく押すだけで生地が広がる。	

2回目。

向きを変えて
もう一度二つに折る。

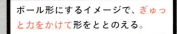

ボール形にするイメージで、ぎゅっと力をかけて形をととのえる。

こんなボール形に。

手にのせてとじ目を6〜7回折り込みながら、形をととのえる。

90度回転させながら
これを4回行う。

4つの角を中心に向かって折り込み、最後の角で重なった部分を内側に入れ込んで押さえてとめる。

やさしく4回折ってコシを強くしていく。

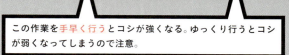

この作業を手早く行うとコシが強くなる。ゆっくり行うとコシが弱くなってしまうので注意。

とじ目を下にして型に入れる。もう一つも同様に成形する。

〈 発酵前 〉

コシが強いので、**時間をかけないと膨らまない。**

〈 発酵後 〉

35℃で**70分**発酵。

200℃（スチーム有り）に予熱したオーブンの下段の天板にのせて10分。向きを変えて200℃（スチームなし）で13〜15分焼く。

―――― 最終発酵 ――――　　　　　　　　　焼成

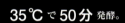

とじ目を下にして型に入れる。もう一つも同様に成形する。

35℃で**50分**発酵。

〈 発酵前 〉　〈 発酵後 〉

200℃（スチーム有り）に予熱したオーブンの下段の天板にのせて10分。向きを変えて200℃（スチームなし）で13〜15分焼く。

コシが弱いので、**短い時間で十分膨らむ。**

強力粉の場合

リーンな食パンと同じ。
コシが強いので生地の伸びはよくありません。
ぎゅっと締まった感じに仕上がり、中はもっちりとし、
皮をかむとちぎれにくいのが特徴です。

主材料で作るリーンなドゥミバゲット

準強力粉の場合

コシが弱いので生地が伸びて破れるように膨らみます。
大小の気泡があちこちにできるため、
かみしめやすい食感ですが均一の食感にはなりません。

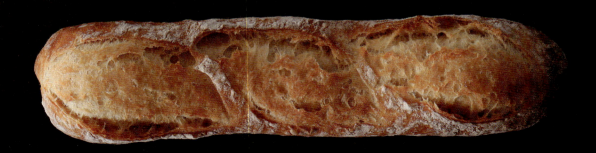

		ベーカーズ%
強力粉(スーパーカメリヤ)	200g	100
*ポリ袋に入れて計量する。		
インスタントドライイースト	0.4g	0.2
老麺	40g	20
*老麺は本ごね生地のミキシング〜一次発酵までをすべて同様にして前日に作り、冷蔵庫に入れておく。使うときは室温に15分くらい戻す。残った老麺は成形して工程と同様にして焼く。		
塩	4g	2
水	150g	75
Total	394.4g	197.2

ミキシング
こね上げ温度23℃

一次発酵
28℃で40分→ポリ袋を密着して冷蔵庫へ。

分割
二等分

ベンチタイム
28℃で20分

成形

最終発酵
28℃で40分

焼成
250℃で予熱→220℃(スチーム有り)で7分→向きを変える→250℃(スチームなし)で20〜25分

材料　30〜35cmのバゲット各2本分　　工程

		ベーカーズ%
準強力粉(タイプER)	200g	100
*ポリ袋に入れて計量する。		
インスタントドライイースト	0.4g	0.2
老麺	40g	20
*老麺は本ごね生地のミキシング〜一次発酵までをすべて同様にして前日に作り、冷蔵庫に入れておく。使うときは室温に15分くらい戻す。残った老麺は成形して工程と同様にして焼く。		
塩	4g	2
水	150g	75
Total	394.4g	197.2

ミキシング
こね上げ温度23℃

一次発酵
28℃で20分→パンチ→28℃で20分→パンチ→ポリ袋を密着して冷蔵庫へ。

分割
二等分

ベンチタイム
28℃で10分

成形

最終発酵
28℃で20分

焼成
250℃で予熱→220℃(スチーム有り)で7分→向きを変える→250℃(スチームなし)で20〜25分

強力粉の場合

ボウルに塩を入れ、水を加えてゴムべらで混ぜて溶かす。

粉の袋にイーストを入れ、ふって混ぜる。

ボウルに老麺をちぎって入れる。

> 老麺は室温に15分くらい戻してから入れる。

ミキシング

準強力粉の場合

ボウルに塩を入れ、水を加えてゴムべらで混ぜて溶かす。

粉の袋にイーストを入れ、ふって混ぜる。

ボウルに老麺をちぎって入れる。

> 老麺は室温に15分くらい戻してから入れる。

グルテンが強いので、ぎゅっとつかまないと粉と水が混ざりにくい。

粉を加えてゴムべらで粉が多少残るくらいまで混ぜる。

「5本指でにぎって二つにちぎる→上に重ねる」を繰り返す。

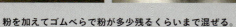

粉を加えてゴムべらで粉が多少残るくらいまで混ぜる。

「親指と人差し指でにぎって二つにちぎる→上に重ねる」を繰り返す。

グルテンが弱いので、つまむ感じでOK。

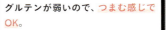

16回も混ぜるのは、粉と水が混ざりにくいから。

粉っぽさが完全になくなるまで16回繰り返し、容器に入れる。

こね上げ温度 **23℃**

生地のゆるみが遅いので、触るとまだ弾力がある。だからパンチはなし。

〈 発酵前 〉　〈 発酵後 〉

28℃で40分 発酵。

一次発酵

28℃で20分 発酵。

粉っぽさが完全になくなるまで8回繰り返し、容器に入れる。

こね上げ温度 **23℃**

粉と水がよく混ざるので、混ぜる回数は少ない。

〈 発酵前 〉　〈 発酵後 〉

生地が早くゆるむ。

＊強力粉の場合はパンチなし

パンチ（一回目）		パンチ（二回目）

蓋をして 28℃で 20分 発酵。

生地の一辺にカードを差し込んで生地をすくい、二つに折る。残りの三辺も同様に行う。

再び生地の一辺にカードを差し込んで生地をすくう。

〈 発酵前 〉

〈 発酵後 〉

生地が早くゆるむので、生地を引き締めるためにもう一度行う。

冷蔵庫内での乾燥を防ぐ。生地がゆるまないようにするため。

厚めのポリ袋を表面に密着させ、蓋をして冷蔵庫で一晩寝かせる。

カードでポリ袋をはがし、台と生地のまわりに打ち粉をやや多めにふる。

分割

二つに折る。残りの三辺も同様に行う。

厚めのポリ袋を表面に密着させ、蓋をして冷蔵庫で一晩寝かせる。

カードでやさしくポリ袋をはがす。

台と生地のまわりに打ち粉を多めにふる。

まだ生地がゆるんでいるのでパンチをする。

グルテン量が少ないのでべたつきやすいため、粉は強力粉より多めに。

容器の四辺にカードを差し込んで逆さにし、生地を台に出す。

カードで半分にカットし、計量して同量にする。

容器の四辺にカードを素早く差し込んで容器を逆さにし、生地を台に出す。

カードで半分にカットし、計量して同量にする。
調整するためにカットした生地は細長く伸ばして中央にのせる。

> べたついてカードにくっつきやすいので素早く！

両端を合わせる感じで。

グルテン量が多いので折るのは1回だけでよい。

調整するためにカットした生地は細長く伸ばして中央にのせる。

カットした断面を包み込むようにして右側から折る。

とじ目を下にして置く。もう一つも同様に行う。

外側の生地を持ち、生地の1/3のところにやさしく折る。

折り目を包み込むようにしてもう一度折る。もう一つも同様に行う。

しっかり生地を伸ばして折る。

グルテン量が少ないので2回折る。

ぬれぶきんをかけて、
28℃ で **20分** 休ませる。

生地に軽く打ち粉を
ふって裏返す。

| ベンチタイム | 成形 |

ぬれぶきんをかけて、
28℃ で **10分** 休ませる。

生地にしっかり打ち粉を
ふって裏返す。

台に打ち粉を多めにふり、とじ目を下にして生地を置く。

べたつくので粉をふる。

強力粉より時間が短いのに生地がゆるんでしまう。

これで外側の生地の矢印の部分が強くなる。

下側ではなく、手前に引く。

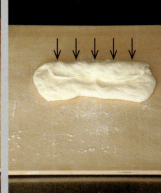

粉を手でさっとはたいて、手前から奥側の手前（生地の1/3のところ）に折る。

とじ目の上に両手の薬指を当てて手前に引き、とじ目を押さえる。

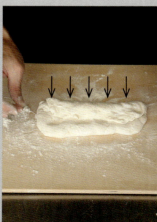

粉をしっかりはたいて、手前から奥側の手前（生地の1/3のところ）にやさしく折る。

とじ目の上に両手の薬指をやさしく当てて手前に引き、とじ目をやさしく押さえる。

生地がつぶれやすいので、絶対に下側に力をかけないこと。

これで外側の生地の矢印の部分が強くなる。

矢印の部分が強くなる。

生地の端に左手の親指を置き、
右手で生地を手前に折り込んでいく。

生地の端に左手の親指を置き、
右手の親指のつけ根を生地に沿わせて押さえて巻き込みながら、
生地を折り込んでいく。

生地の端に左手の親指を置き、
右手で生地を手前に折り込んでいく。

生地の端に左手の親指を置き、
右手の親指のつけ根を生地に沿わせて押さえて巻き込みながら、
生地を折り込んでいく。

矢印の部分が強くなる。

巻き込みながら折り込むと斜めになる。まっすぐになっていたら、生地をつぶしてとじていることになる。

裏側に斜めにとじ目ができる。

生地の奥側に打ち粉をたっぷりふって生地を転がし、とじ目を下にして12×35cmにカットしたオーブンシートにのせる。もう一つも同様に行う。

生地の両サイドに同じ長さの型（または本）を置いて、やさしくはさむ。

28℃で40分 発酵。

最終発酵

28℃で20分 発酵。

生地の両サイドに同じ長さの型（または本）を置いて、生地がゆるまないようにぎゅっとはさむ。

生地の奥側に打ち粉をたっぷりふって生地を転がし、とじ目を下にして12×35cmにカットしたオーブンシートにそっとのせる。もう一つも同様に行う。

裏側に斜めにとじ目ができる。

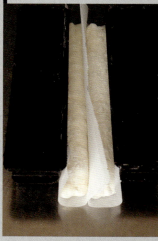

巻き込みながら折り込むと斜めになる。まっすぐになっていたら、生地をつぶしてとじていることになる。

> 切り込みの重なるところが多いように、傾斜をつけて入れる。

べたつきを防ぐために、茶こしで粉を薄くふる。

クープナイフで斜めに3本切り込みを入れる。

オーブンを250℃に予熱し、上段の天板に、板などにのせて入れる。
下段の天板に霧吹きをかけ、
温度を220℃（スチーム有り）に下げて7分、
向きを変えて温度を250℃（スチームなし）に上げて20〜25分焼く。

焼成

べたつきを防ぐために、茶こしで粉を薄くふる。

クープナイフで斜めに3本切り込みを入れる。

オーブンを250℃に予熱し、上段の天板に、板などにのせて入れる。
下段の天板に霧吹きをかけ、
温度を220℃（スチーム有り）に下げて7分、
向きを変えて温度を250℃（スチームなし）に上げて20〜25分焼く。

> 切り込みの重なるところが少ないように、直線に近い傾斜で入れる。

主材料＋副材料で作るリッチパン

糖類……P66〜

油脂……P68〜

乳……P70〜

卵……P72

具材……P73〜

ふんわり食パン（あっさりタイプ）……P76〜

ブリオッシュ食パン（濃厚タイプ）……P88〜

チョコとナッツのブリオッシュ……P96〜

パン・ド・ミ……P108〜

フォカッチャ……P120〜

もっちりパン……P128〜

糖類

SUGAR

砂糖やはちみつ、練乳などがありますが、甘みはそれぞれ違っています。パン作りでは顆粒や液体タイプのものが溶けやすく使いやすいでしょう。それぞれ味が異なるので、目的に合わせて選んでください。写真は左からきび砂糖、グラニュー糖、上白糖、はちみつ、デーツシロップ、コンデンスミルク。

糖類の役割

糖類は味、酵母のアシスト役、水のアシスト役、小麦粉のマイナスのアシスト役であり、焼き色に対して影響を及ぼします。

味

甘みと風味が出てきます。砂糖（ショ糖を主成分とするもの）を加えると直接甘みを感じられ、糖が酵母によって分解されると、アルコール、アセトアルデヒド、ケトン体、エステル化合物などの副産物が生まれ、風味成分となります。

焼き色

砂糖を高温で焼くと、2種類の焼き色がつきます。一つはカラメル化した焼き色、もう一つは砂糖とたんぱく質（アミノ酸）と熱とのメイラード反応*による焼き色。そして焼成温度や時間、たんぱく質の種類によって、さまざまな香り成分も同時に生み出されます。主材料のみのパン作りできれいな焼き色と香ばしい香りがあるのは、おもにメイラード反応によるものです。ですから主材料のみで複雑な香りを生み出したい場合は、たんぱく量が多めの小麦粉を選べばよいのです。もしグルテンが多い小麦粉（表示でたんぱく量が少なめの強力粉）で焼き上げた場合は、パンはふわふわにはなりますが、複雑な香りは乏しくなります。

*メイラード反応とは、アミノ化合物とカルボニル化合物（ブドウ糖や果糖など）が加熱によって起こす化学反応で、焼き色がつく。

酵母のアシスト役

糖類の中でもショ糖を主成分とするものは、酵母の生存に必要となる直接的な栄養源になります。これに対して、でんぷんなどから分解された麦芽糖は、その過程のタイムラグのため、間接的なえさになります。それがすぐに使えるえさか、使えるようになるまでに時間がかかるえさかどうかにより、使用量を調節することが大切です。酵母をより元気よく働かせるためには、小麦粉に対して0〜10％の範囲で利用します。それより多く入れすぎると（10〜35％）浸透圧の作用で酵母の発酵するスピードが抑制され、50％を超えると、酵母の発酵するスピードは急激に落ちます。

水のアシスト役

砂糖には水をくっつけて離しにくくする性質（結合水）があり、確実な結合水が生地の中に入ることで、しっとりとして長持ちするパンが作れます。ただし、上白糖などの粉状の砂糖とはちみつなどの液状の糖では使い方が異なります。液状のはちみつなどはもともと結合水が含まれているものなので、あとから加える水分量は結合水の分だけ減らします（はちみつの場合は20％）。

小麦粉のマイナスのアシスト役

砂糖はグルテンを作るときには必要ないものですが、酵母にとってはえさになるので必要なもの。だから小麦粉がグルテンを作るまでに不要な砂糖が入っている生地は、生地ができ上がるまでに時間がかかります。

油脂

OIL

油脂をパンに使用するときは、固体（固い）と液体（柔らかい）に分けて考え、主材料のアシスト役にします。それぞれ向くパンがあるので、目的に合わせて使い分けましょう。写真は左からオリーブ油、サラダ油、バター（上）、ショートニング。

油脂の役割

油脂は味、グルテンが伸びるアシスト役としてパン作りに影響を及ぼします。

味

油脂独特の味や香りをつけます。

グルテンが伸びるアシスト役

小麦粉の中で作られる<u>グルテン骨格のプラスとマイナスのアシスト</u>を行います。油脂を加えるタイミングと役割を考えてみましょう。

グルテンは「伸びる」&「縮む」働きがあります。
小麦粉＋水→グリアジンの働きで「伸びる」
　　　　　→グルテニンの働きで「縮む」

生地をこねると「伸びる」と「縮む」は同時に働いていますが、こねればこねるほど「縮む」力が強くなります。ここに同じ固さの油脂（固体のもの）を加えると、油脂が潤滑油のように働いて、「縮む」＋「伸び」のよい生地になり、<u>「伸び」をプラスにアシスト</u>します。すると<u>伸展性のある生地になって、ふわふわの軽いパンに仕上がります</u>。もし、こねる前に水といっしょに油脂（液体のもの）を加えると、こねるとき「縮む」のを邪魔してマイナスにアシストするので、ただ「伸びる」だけの生地になりますが、ザクザクとして歯切れのいいパンに仕上がります。

油脂とパンの適性

油脂

固体（固い）

バター
コクと香りがアップするので、味の濃いパンに。食塩不使用の方が塩分濃度を調節しなくていいので使いやすい。

ショートニング（トランスファットフリー）
リーンなパンでふんわりパンを作りたいときや、無味無臭なので副材料の味や香りを邪魔しないで使いたいときに。

液体（柔らかい）

サラダ油
香りが少ないため、あっさりした歯切れのいいパンに。

オリーブ油
香りがあるので、香りと味を楽しむ歯切れのいいパンに。

乳

MILK

乳は牛乳から加工して作られる生クリームや脱脂粉乳など(牛乳も含む)。油脂を含むものと含まないものがあり、含むもの(乳脂肪)は液体の油脂と考え、グルテン骨格の形成を邪魔します。これらを主材料のアシスト役として考えます。写真は左から生クリーム、脱脂粉乳、牛乳。

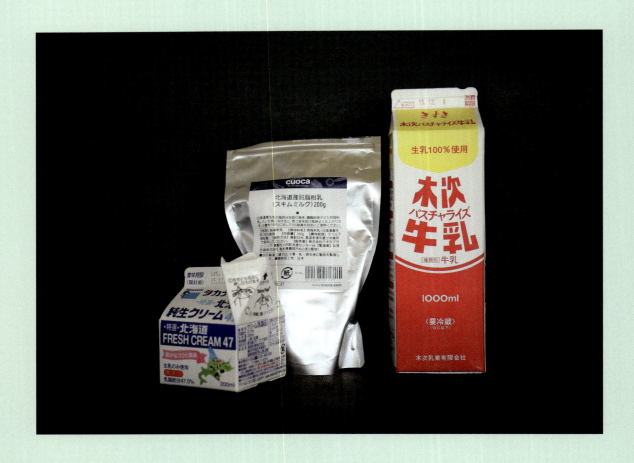

乳の役割

乳はパン作りで味、食感のコントロール、焼き色をよくするなどの役割があります。

味

主材料だけでは足りない乳のコクと風味をパンにプラスします。

焼き色をよくする

乳糖と乳たんぱく質*を含んでいる乳を加えると、メイラード反応できれいな焼き色と香りの高いパンが焼き上がります。また表面に牛乳を塗って焼くとツヤと香りがアップします。

＊乳糖と乳たんぱく質は、乳に含まれる糖とたんぱく質のこと。

食感のコントロール

グルテン骨格を利用して生地を作る際、小麦粉に水を加えてこねますが、乳の中の脂肪の割合によってグルテンのでき方が変わってきます。使う乳は乳脂肪分0〜45％。グルテン骨格をきれいにつなげたり（ふわふわパン）、邪魔をしてちぎれやすくしたり（サクサクパン）します。脱脂粉乳を使用する場合は、粉状のため生地が固くなって酵母が働きにくくなるので、酵母の発酵を妨げないように配合を8％程度までにします。

【乳別焼き上がりの違い】

乳の種類	グルテンへの影響	焼き上がり
生クリーム（乳脂肪分が多い）	グルテンを作りにくい	サクサクパン
牛乳（乳脂肪分が少ない）	グルテンを作るが少ない	サクふわパン
脱脂粉乳（乳脂肪分なし）	グルテンを作りやすい	ふわふわパン

卵

パンに使う卵は、卵黄と卵白に分けて使い、それぞれの機能を主材料のアシスト役にします。

卵黄の役割

パンのコクと風味をアップします。また、卵黄は乳化作用をもつレシチンを多く含むため、卵黄中の脂肪分は水ときれいに混ざり合って、なめらかに生地に練り込むことができます。その結果、固さのある油脂を加えても生地になじみ、間接的にグルテン骨格の伸びをプラスにアシストします。さらに乳化作用によって保水性もよくします。

卵白の役割

卵白は90％が水分で、残りの大部分はアルブミンを主体としたたんぱく質です。このたんぱく質が焼成時に熱変性を起こして固まり、グルテン骨格の補強材になります。さらに熱変性の際、生地中に糖があればメイラード反応が強く進み、パンの焼き色がよくなります。ただし、卵白中の水分は焼成の過程で消失していくため、焼き上げたパンが乾燥しやすいという欠点があります。

卵黄と卵白の使い方

パン作りでは、卵黄と卵白の比率を変えて調整します。粉に対して全卵30％を超える配合では、全卵に卵白が入っているので、卵黄を増やしてパサパサになるのを防ぎます。油脂をたくさん入れる配合では、卵黄の乳化作用をたくさん取り入れたいので、卵白は増やさず、卵黄を増やします。

具材　OTHERS

具材には甘い具材、塩味がある具材、熱が加わると溶ける具材、
ドライフルーツ、ナッツなどがあります。

甘い具材

大納言、マロングラッセなど

具材の表面に砂糖が結晶化しているもの。生地中の水分が、浸透圧で甘い具材の表面に出てくるので、生地の水分が抜けてしまいます（マイナス）。だから具材の配合量を減らすか、生地に入れる水の量を増やします。ただし、表面に出てきた水分は結合水になっているので乾燥せず、べたべたとした状態のままでくっついています。

塩味がある具材

チーズ、青のり、桜えびなど

生地の引き締めが強くなる（プラス）効果があります。だから引き締めの分を考慮して、生地をこね上げる少し前に具材を加えます。また、これらの具材を多く入れたい場合は、生地に入れる水の量を少し増やすと、ちょうどよい引き締まりになります。

熱が加わると溶ける具材

チョコレートやチーズなど

生地は引き締まる傾向にありますが、焼成すると溶けて具材のまわりの生地が強くつぶれる傾向があります。特に大きいかたまりで使用すると、つぶれて火の通りの悪い場所と空洞ができやすいので、細かくして使うことをおすすめします。

ドライフルーツ

ドライレーズン、ドライアプリコットなど

ドライフルーツはそのまま使用すると、ドライフルーツの表面の糖の浸透圧で生地の中の水分が出てきますが、その水分は再びドライフルーツの中に浸透していきます。結果、ドライフルーツのまわりの生地が固くなって乾燥してしまいます。この乾燥を避けるために、あらかじめドライフルーツをふやかしておいたり、シロップ漬けにしたりアルコール漬けにしたりします。また、オイルコーティングしてあるものは、ぬるま湯などで表面のオイルを流してからシロップやアルコールを浸透させると、生地が固くなるのを防ぐことができます。

* ドライフルーツはそのフルーツから作られるお酒などを合わせて漬けると相性がいい。レーズン×赤ワイン、りんご×カルバドスなど

ナッツ

アーモンド、マカデミアナッツ、ピーカンナッツなど

ナッツを使用する場合は、大きさとローストの強弱で使い分けます。粒が大きければしっかりとナッツの食感を感じることができますが、粒を細かくしていくと、食感はやさしくなってナッツの存在は薄れます。パウダー状のものは均一な食感になりますが、存在は感じにくくコクとして現れます。また、深くローストをかけるとナッツの香ばしさが強く出て存在感が増し、浅くかけると香ばしさは弱く感じ、他の具材の味や風味を引き立たせます。深くローストしたナッツでパンを焼く場合は、短時間で焼くなら問題ありませんが、長時間で焼く場合は表面のナッツが焦げるので注意が必要です。

ナッツの形状はいろいろあります

ナッツはパウダー状のものからホールのものまで、いろいろな形状があります。ここではアーモンドを例にあげて紹介します。

アーモンドの形状いろいろ
左上から時計回りで、皮なしアーモンドパウダー、皮つきアーモンドパウダー、アーモンドスライス、16分割アーモンド、細切りアーモンド、ホールアーモンド

主材料＋副材料で作る
ふんわり食パン（あっさりタイプ）

コシは強いが生地の伸びがとてもいいのが特徴。
外は薄皮で、中はふんわりした食感になります。
リーンな食パン（P34）より均一な食感です。

材料	パニムール(大)1個分	

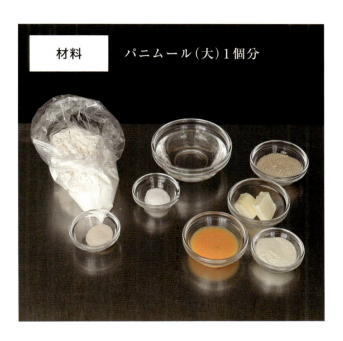

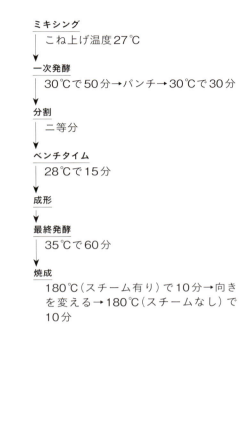 工程

ミキシング
　こね上げ温度27℃

一次発酵
　30℃で50分→パンチ→30℃で30分

分割
　二等分

ベンチタイム
　28℃で15分

成形

最終発酵
　35℃で60分

焼成
　180℃(スチーム有り)で10分→向きを変える→180℃(スチームなし)で10分

強力粉(はるゆたか100%)	100g	50
強力粉(ゆめちから100%)	100g	50
*粉類はポリ袋に入れて計量する。		
インスタントドライイースト	1.6g	0.8
塩	3.6g	1.8
きび砂糖	20g	10
全卵	20g	10
脱脂粉乳	10g	5
水	130g	65
バター(食塩不使用)	20g	10
Total	405.2g	202.6

> 脱脂粉乳は袋から出したらすぐに使う。

ボウルに塩、砂糖、脱脂粉乳を入れてミニホイッパーで混ぜる。

卵と水を加え、ゴムべらでダマをつぶしながら混ぜる。

粉の袋にイーストを入れ、ふって混ぜる。

ミキシング

カードでボウルについている生地をこそげ落として台に出す。

両手の指先を使ってハの字を描くようにしてこすりながら20㎝角くらいに広げる。

> 副材料が入ると**最初は生地がつながりにくい**のでべたつきやすい。

早く混ざりやすい。

ボウルに粉を加え、粉っぽさがほとんどなくなるまで混ぜる。

カードで生地を集める。

「すくう→強く台に打ちつける→二つに折る」を6回×4セット行う。
1セットごとに台に打ちつける力を「弱→強」にする。

指についた生地はカードで落とす。

最初は生地のつながりがよくないので、弱い力で打ちつける。

> 1セットごとに力を強くかけると、まとまった生地になる。

> 生地に触ると破れることがあるので、**バターを広げるようにする**。

4セット終了。

バターを指でつぶして生地の上にのせ、
バターを広げながら生地を伸ばして20cm角くらいにする。

8回終了。

生地を両手でにぎりながらバターをなじませて、
やさしくひとかたまりにする。

8回繰り返すと、生地を256層重ねたことになる。

強くにぎると生地がこわれるので、やさしくにぎる。

最初は生地のつながりが弱い。

重ねるときはひっくり返さないこと。バターどうしの面ができると、生地のなじみ（乳化）が悪くなる。

「カードで半分にカットする→重ねて押さえる」を8回繰り返す。

「カードですくう→台に打ちつける→二つに折る」を6回×4セット行う。
1セットごとに台に打ちつける力を「弱→強」にする。

少しずつ生地がつながってくる。

副材料が加わったことで、リーンな食パン（P34）より生地の伸びがよい。

丸くするのは、グルテンの強さを均一にするため。

こね上げ温度
27℃

ボウルをかぶせて3分おく。

生地を伸ばして半分に折り、両手で形を丸くととのえて容器に入れる。

容器を逆さにして生地を台に出す。

手に粉をつけて生地を伸ばし、25cm角くらいに広げる。

伸びのいい生地なので、大きく広げても破れない。

片方の辺を生地の1/3のところまで折り、軽く押さえて気泡を抜く。

気泡をつぶすのは、生地を均一にして食感をよくするため。

グルテンが多いので、粉は少なめでもくっつかない。

30℃で50分発酵。

台と生地のまわりに打ち粉を少なめにふり、容器の四辺にカードを差し込む。

一次発酵

パンチ

反対側の辺も折りたたんで同様にして気泡を抜く。

手前から奥側の1/3のところまで折って三つ折りにする。

とじ目を下にして両側から包み込むようにして形をととのえる。

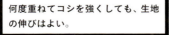

何度重ねてコシを強くしても、生地の伸びはよい。

容器に入れる。

30℃ で **30分** 発酵。

台と生地に打ち粉を少なめにふる。

| 分割 |

指で生地を広げて長方形にし、手前から奥側に半分に折って、手で軽く押さえて気泡を抜く。

とじ目を上にして右側から半分に折る。

手で押さえるのは気泡を出して生地を均一にして食感をよくするため。

容器の四辺にカードを差し込んで、逆さにして生地を台に出す。

カードで半分にカットし、計量して同量にする。

ベンチタイム

成形

ぬれぶきんをかけて、
28℃で**15分**休ませる。

台に打ち粉を軽くふって生地を置く。

軽く押さえて気泡を抜き、とじ目を生地の下に折り込む。

リーンな食パン（P34）より時間は短いが、生地はよく伸びる。

> 気泡を抜いて生地をととのえるための3度目の作業。

> 気泡を抜いて生地をととのえるための4度目の作業はめん棒を使う。

両手を重ねて生地を押しつぶし、直径12cmくらいの円形に広げる。

めん棒に粉をつけ、前後に動かして気泡をしっかり抜きながら、20cmくらいの楕円に伸ばす。

手前から奥側にくるくると巻いていく。

巻き終わりを下にして型に入れる。もう一つの生地も同様にして成形する。

> 大きな気泡を残さないように押す。

右側から生地の1/3のところまで折って軽く押さえ、三つ折りにして軽く押さえる。

前後にめん棒を動かして25cmくらいに伸ばす。

最終発酵

35℃で60分 発酵。

焼成

180℃（スチーム有り）に予熱したオーブンの下段の天板に入れて10分、向きを変えて再び180℃（スチームなし）で10分焼く。

巻き終わりを向かい合わせにする。生地の断面は右図のようになる。

主材料＋副材料で作る
ブリオッシュ食パン（濃厚タイプ）

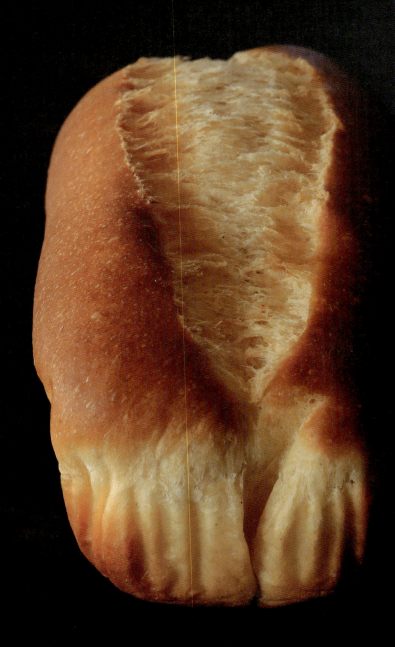

生地が伸びすぎるため、コシの弱いパンになります。
焼き菓子のような香ばしい皮の食感と濃厚な味が楽しめ、
中はふんわり仕上がります。

材料	パニムール（細長）1個分		
強力粉（はるゆたか100％）		100g	100
＊ポリ袋に入れて計量する。			
インスタントドライイースト		0.8g	0.8
塩		1.5g	1.5
きび砂糖		10g	10
バニラビーンズの種		5mm長さ分	
＊さやに切り込みを入れてナイフなどで種をしごき出す。			
卵黄		20g	20
全卵		20g	20
牛乳		40g	40
発酵バター		20g	20
＊バターは食塩不使用のものでもよい。			
きび砂糖		5g	5
	Total	217.3g	217.3

工程

ミキシング
　こね上げ温度25℃

一次発酵
　30℃で90分→冷蔵庫で一晩寝かす

分割
　二等分

成形

最終発酵
　30℃で120分

焼成
　180℃（スチームなし）で15分→向きを変える→180℃（スチームなし）で3～5分

全卵に卵黄を加えて
ミニホイッパーで
混ぜる。

牛乳にイーストを加えて混ぜ、卵に加えて混ぜ合わせる。

ボウルに塩と
きび砂糖10gを入れて
卵液を加える。

ミキシング

両手の指先でハの字を書くようにして、
こすりながら20cm角くらいに広げる。

手についた生地を落として、中央に生地をまとめる。

ダマを取りながら広げる。

塩と砂糖が溶けてざらつきがなくなるまで混ぜる。

バニラビーンズも加えてゴムべらで混ぜる。

粉を加え、粉っぽさがほとんどなくなるまで混ぜ、ゴムべらとボウルについた生地をカードでこそげ落とす。

生地を台に出す。

「カードですくう→台に打ちつける→二つに折る」を6回×4セット行う。
1セットごとに台に打ちつける力を「弱→強」にする。

4セット完了後。

> バターが多いので、砂糖と混ぜてから加えた方が生地になじみやすい（乳化）。

バターと
きび砂糖5gを
手でほぐして混ぜる。

生地の上にのせ、指先で広げながら20cm角くらいに伸ばす。

「カードで半分にカットする→重ねる→押さえる」を8回繰り返す。

「カードですくう→台に打ちつける→二つに折る→向きを変える」を6回×5セット行う。
1セットごとに台に打ちつける力を「弱→強」にする。

5セット完了後。

> 力を強くしていくと生地がまとまってくる。

重ねるときはひっくり返さないこと。バターどうしの面ができると、生地のなじみ（乳化）が悪くなる。

8回終了後。

両手で生地をやさしくにぎってまとめる。

一次発酵

ボウルをかぶせて、**3分**おく。

こね上げ温度 **25℃**

手に取って形をととのえ、容器に入れる。

油脂が多いため、ふんわり食パン（P76）より伸びやすい生地になるので形をととのえる。

30℃で90分 発酵。→冷蔵庫で一晩 寝かす。

生地がゆるんで横に伸びる。

発酵後の容器の底を見ると気泡がたくさんできているのがわかる。

台と生地に打ち粉を少なめにふり、容器の四辺にカードを差し込んで生地を出す。

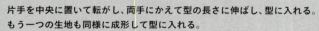
カードで半分にカットし、計量して同量にする。

分割

片手を中央に置いて転がし、両手にかえて型の長さに伸ばし、型に入れる。もう一つの生地も同様に成形して型に入れる。

気泡をつぶすことで、**気泡の大きさと温度が一定になる。**

台に粉を軽くふって生地を置き、指でしっかりと押さえて長方形に伸ばす。
端から2cmほど折り、「折り目を親指のつけ根で押さえる→二つに折る→押さえる」を生地の最後まで繰り返す。

成形

最終発酵　　　　　　　　　　　焼成

30℃で120分 発酵。

180℃（スチームなし）に予熱したオーブンの下段の天板にのせて15分焼き、向きを変えてさらに3〜5分焼く。

巻き終わりを向かい合わせにする。
生地の断面は右図のようになる。

主材料＋副材料で作る
チョコとナッツのブリオッシュ

ブリオッシュ食パン（P88）の応用編。
ブリオッシュ食パンよりさらに濃厚な味に仕上がります。
皮は焼き菓子のような香ばしさ、中はしっとりとした食感になります。

材料 パニムール（細長）1個分

☐ 中種

		ベーカーズ%
準強力粉（リスドォル）	32g	40
インスタントドライイースト	0.4g	0.5
水	19.2g	24
Total	51.6g	64.5

☐ 本ごね生地

		ベーカーズ%
強力粉（スーパーカメリヤ）	48g	60
アーモンドパウダー（皮つき）	8g	10
ココアパウダー	4g	5
中種	51.6g	64.5
インスタントドライイースト	0.2g	0.3
塩	1.1g	1.4
きび砂糖	4g	5
練乳	8g	10
卵黄	24g	30
全卵	16g	20
生クリーム	16g	20
牛乳	8g	10
発酵バター	32g	40

＊バターは食塩不使用のものでもよい。

きび砂糖	8g	10
ピーカンナッツ（ローストしたもの）	16g	20
ブロンドチョコレート	12g	15
Total	256.9g	321.2

工程

☐ 中種

ミキシング
こね上げ温度23℃
↓
発酵
30℃で2時間→冷蔵庫で一晩寝かす

☐ 本ごね生地

ミキシング
こね上げ温度24℃
↓
一次発酵
30℃で90分→冷蔵庫で一晩寝かす
↓
分割
3等分にする
↓
成形
↓
最終発酵
30℃で90〜120分
↓
焼成
180℃（スチームなし）で15分→向きを変える→180℃（スチームなし）で3〜5分

＊中種、本ごね生地の粉はポリ袋に入れて計量する。

中種を作る

粉の袋にイーストを入れてふって混ぜ、水を入れたボウルに加える。

| ミキシング |

| ミキシング |

本ごね生地を作る

溶きほぐした全卵に卵黄を入れてミニホイッパーで混ぜる。

牛乳にイーストを入れて混ぜ、生クリームを加えて混ぜる。

粉っぽさが
なくなるまで
ゴムべらで混ぜる。

> 混ぜすぎに注意！ 生地に少しざら
> つきが残るくらいにする。

生地が固くなってきたら、
ボウルの壁面に押しつけるようにして混ぜ、
容器に入れる。

こね上げ温度
23℃

> 使うときは、室温に30
> 分戻す。

30℃ で 2時間 発酵。
→冷蔵庫で **一晩** 寝かす。

発酵

ボウルに塩、きび砂糖4g、練乳を入れ、卵液を加える。
ゴムべらで塩と砂糖が溶けるまで混ぜる。

粉の袋にココアパウダーとアーモンドパウダーを入れて
ふって混ぜ、ボウルに加える。

粉っぽさが完全になくなるまで混ぜる。

台に出し、
となりに中種を出す。

左回りにぐるぐる回す。

白い筋が消えたら
手についた生地を
カードで落とす。

中種が伸ばされて生地に絡みついていく。白い部分をグルテンと考えると、線状になって伸びているのがわかる。

カードで中種をちぎり、少し離しながら生地にくっつける。いっぱいになったら裏返して残りの中種をくっつける。

指3本を生地に入れる。

生地を集めて、「台に打ちつける→二つに折る→向きを変える」を6回×4セット行う。

4セット完了。

バターが多いので、砂糖と混ぜてから加えた方が生地になじみやすい（乳化）。

バターときび砂糖8gを手でほぐして混ぜ、生地の上にのせる。

指先で広げながら、20cm角くらいに伸ばす。

両手で生地をやさしくにぎってまとめる。

「カードで生地を寄せる→カードを下に差し込んで持ち上げて向きを変える→台に落とす」を10回×4セット行う。1セットごとに台に打ちつける力を「弱→強」にする。

重ねるときはひっくり返さないこと。バターどうしの面ができると、生地のなじみ（乳化）が悪くなる。

「カードで半分にカットする→重ねる→押さえる」を8回繰り返す。

チョコレートをちぎってのせ、「カードで生地を寄せる→カードを下に差し込んで持ち上げて向きを変える→台に落とす」を10回行う。

力を強くしていくと生地がまとまってくる。

まん中にチョコを一つ残すように行うと、チョコのまわりの生地が広がっていくのがわかる。

チョコがまん中に残ることが大切。

まん中のチョコとナッツが離れた分、生地が伸びたということ。

ピーカンナッツを小さくちぎりながら生地にくっつけ、「カードで生地を寄せる→カードを下に差し込んで持ち上げて向きを変える→台に落とす」を10回行う。

分割

台と生地に多めに打ち粉をふり、容器の四辺にカードを差し込んで台に出す。

カードで3等分にカットし、計量して同量にする。（1本分）

表面に残ったチョコレートとナッツは生地の中に入れ込み、容器に入れる。

こね上げ温度 **24℃**

30℃ で **90分** 発酵。→冷蔵庫で **一晩** 寝かす。

一次発酵

成形

指先に粉をつけて、生地を押さえて10cm角くらいに伸ばす。

90度回転してひし形に置き、上の角を中心に折って粉をはらう。
45度ずつずらしながら6回、中心に向かって時計回りに生地を折る。

反対方向に45度ずつずらして5回折る。

とじ目を下にして手のひらにのせ、両手で丸く形をととのえる。

チョコが飛び出していたら生地の中に入れて、型に入れる。残りの二つの生地も同様にして成形し、型に入れる。

べたつくので粉をつけながら形をととのえる。

型に入れるときは粉を落とす。

最後に折った部分を指で押さえながら、
中心を包み込むようにして生地をとめる。

最終発酵

30℃で90〜120分 発酵。

焼成

180℃（スチームなし）に予熱したオーブンの
下段の天板にのせて15分焼き、
向きを変えてさらに3〜5分焼く。

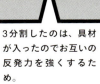
3分割したのは、具材が入ったのでお互いの反発力を強くするため。

主材料＋副材料で作る
パン・ド・ミ

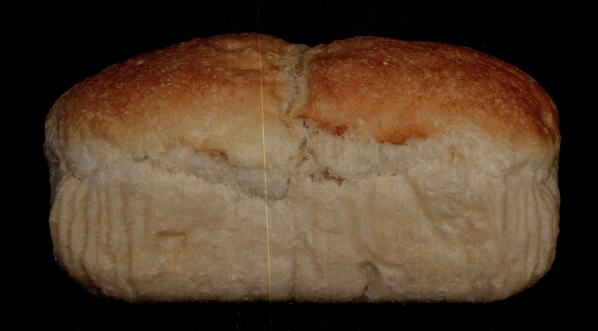

主材料で作るリーンな食パンの準強力粉タイプ(P34)と同じく、
コシが弱いので生地が伸びて破れるように膨らみます。
大小の気泡があちこちにできるため、軽い食感ですが、均一の食感にはなりません。
リーンな食パンよりも少しだけ伸びがよく、
発酵種を使うことでより粉の旨みを引き出して、しっとり感のある生地に仕上がります。

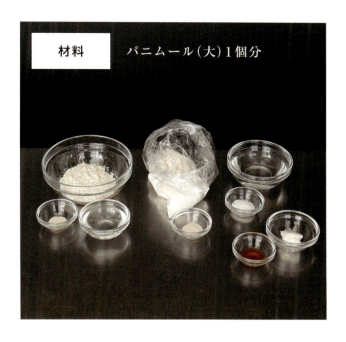

材料 パニムール(大)1個分

☐ ポーリッシュ種

		ベーカーズ%
強力粉(グリストミル)	40g	20
インスタントドライイースト	0.2g	0.1
水	48g	24
Total	88.2g	44.1

☐ 本ごね生地

		ベーカーズ%
強力粉(はるゆたか100%)	160g	80
ポーリッシュ種	88.2g	44.1
インスタントドライイースト	0.6g	0.3
塩	4g	2
モルト液(希釈したもの)	2g	1

＊モルトシロップ：水＝1：1で希釈する。

水	110g	55
ショートニング	6g	3
Total	370.8g	185.4

＊ポーリッシュ種、本ごね生地の粉はポリ袋に入れて計量する。

工程

☐ ポーリッシュ種

ミキシング
こね上げ温度23℃

発酵
28℃で2.5時間→冷蔵庫で一晩寝かす

☐ 本ごね生地

ミキシング
こね上げ温度26℃

一次発酵
28℃で30分→パンチ→28℃で2時間

分割
二等分

ベンチタイム
28℃で10～15分

成形

最終発酵
30℃で90分

焼成
210℃(スチーム有り)で15分→向きを変える→210℃(スチームなし)で10～15分

ポーリッシュ種を
作る

粉にイーストを入れ、ミニホイッパーで混ぜる。

まん中をくぼませて
水を加える。

ミキシング

ミキシング

本ごね生地を作る

ボウルに塩を入れて水を加え、ゴムべらで混ぜて溶かす。

モルト液を加える。

小さめの容器に入れて発酵する。

まわりの粉をくずしながら混ぜ、ホイッパーを持ち上げたとき、コシがなくなってとろんとしたらOK。

こね上げ温度
23℃

28℃ で **2.5時間** 発酵。
→冷蔵庫で **一晩** 寝かす。

発酵

粉の袋にイーストを入れ、ふって混ぜる。

ボウルにポーリッシュ種を入れ、粉を加える。

ゴムべらで粉っぽさがほとんどなくなるまで混ぜる。

カードでゴムべらとボウルについた生地をこそげ落とす。

2セット完了後。

ショートニングを指先でつぶして生地の上にのせ、指先で広げながら20cm角くらいに伸ばす。

生地を台に出す。

指先でダマをつぶしながら20cm角くらいにやさしく伸ばし、指についた生地をカードで落とす。

生地をカードで中央に集め、「カードですくう→台に打ちつける→二つに折る→向きを変える」を6回×2セット行う。

「カードで半分にカットする→重ねる」を8回繰り返す。

8回後。ショートニングの量が少ないので、ふんわり食パン(P76)のようにやさしく扱わなくてもよい。

生地をカードで中央に集め、「カードですくう→台に打ちつける→二つに折る→向きを変える」を6回×2セット行う。

1セットごとに台に打ちつける力を「弱→強」にする。

ボウルをかぶせて3分おく。

やさしく扱う。

形をととのえて容器に入れる。

容器を逆さにして台に出す。

左右から折って三つ折りにする。

気泡は少ないので抜かなくていい。

粉をはらって手前から三つ折りにする。

こね上げ温度
26℃

こねる回数が少ないので、グルテンの量が少ない。

28℃で30分発酵。

一次発酵

生地が膨らむ前にゆるんでしまうので、30分発酵してもこの状態。

台と生地に打ち粉を多めにふり、容器の四辺にカードを素早く差し込む。

パンチ

べたつきやすいので素早く！

とじ目を上にして、二つに折る。

両手を重ねて
生地の手前に置き、
とじ目を押す。

とじ目を上にして向きを変え、二つに折る。

両手を重ねて
とじ目を押す。

容器の四辺にカードを差し込んで、逆さにして台に出す。

カードで半分にカットし、計量して同量にする。

形をととのえて、とじ目を下にして容器に入れる。

28℃で2時間 発酵。

ここが一次発酵の最後。

台と生地に打ち粉を多めにふる。

分割

グルテンの量が少ないのでやさしく扱う。強く扱うと生地が破れるので注意！

手前から奥側にやさしく二つに折る。

とじ目を手前にして右側から左側へ二つに折り、終わりを生地の下に巻き込む。

  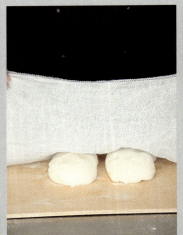 

ぬれぶきんをかけて、**28℃**で
10〜15分 休ませる。

生地を裏返して
ひし形に置く。

ベンチタイム

最後に折った部分を指で押さえながら、
中心を包み込むようにして生地をとめる。

とじ目を下にして
形をととのえ、型に入れる。

上の角を中心に向かって折り、45度ずつずらしながら6回、中心に向かって時計回りに生地を折る。

反対方向に45度ずつずらして5回折る。

最終発酵

30℃で90分発酵。

焼成

210℃（スチーム有り）に予熱したオーブンの下段の天板に入れて15分、向きを変えて210℃（スチームなし）で10〜15分焼く。

もう一つも同様にして成形する。

ふんわり食パン（P76）よりコシが弱いので、生地がなだらかに広がる。

グルテンの量が少ないので温度はやや高めでスチーム多め。

主材料＋副材料で作る
フォカッチャ

ドゥミバゲット（P50）と比較すると、
コシが弱いものの均一な歯切れ感を楽しむことができます。
香りのいいオリーブ油を使うと皮は油で揚げたような香ばしさを持ち、
中はオリーブ油の香りとじゃがいものもっちり感が楽しめます。

材料	約13×25cmのフォカッチャ1個分	
		ベーカーズ%
準強力粉（リスドォル）	120g	80
準強力粉（タイプER）	30g	20
*粉類はポリ袋に入れて計量する。		
インスタントドライイースト	0.9g	0.6
塩	2.4g	1.6
きび砂糖	4.5g	3
モルト液（希釈したもの）	1.5g	1
*モルトシロップ：水＝1：1で希釈する。		
マッシュポテト	30g	20
*じゃがいもをゆでてつぶしたもの。		
水	90g	60
オリーブ油	7.5g	5
Total	286.8g	191.2

工程

ミキシング
こね上げ温度25℃

一次発酵
30℃で60分

成形

最終発酵
35℃で40分

焼成
250℃で予熱→220℃（スチームなし）で15分→向きを変える→220℃（スチームなし）で3〜5分

□ 仕上げ

オリーブ油、塩　　　各適量

マッシュポテトは温かいものを使う。

ボウルに塩と砂糖を入れ、水とモルト液を加えてゴムべらでよく混ぜる。

マッシュポテトを加えてざっとほぐし、オリーブ油を加える。

ミキシング

ミニホイッパーで油の粒子が小さくなるまでよく混ぜる。

粉を手早く加え、粉っぽさがほとんどなくなるまで混ぜる。

油の粒子を小さくしないと、粉を混ぜたあとに油のかたまりが残ってしまう。

粉の袋にイーストを加え、ふって混ぜる。

ゴムべらとボウルについた生地をカードでこそげ落として、台に出す。

指先でダマをつぶしながらやさしく伸ばす。

油脂がグルテン形成を邪魔するので、混ぜすぎない。

グルテン量が少ないので、強い力をかけないようにする。

ハの字を書くようにして20cm角くらいに伸ばし、手についた生地を落として、中央にかき集める。

「カードでやさしくすくう→二つに折る→向きを変える」を6回行う。

成形

台と生地に打ち粉をやや多めにふる。

容器の四辺にカードを差し込んで、逆さにして台に出す。

6回終了後。
容器に入れる。

こね上げ温度
25℃

30℃ で **60分** 発酵。

一次発酵

生地の両サイドを中心に向かってそれぞれ折る。　　　　手で押さえて軽くガスを抜き、20cmくらいに伸ばす。

向きを変えて三つ折りにする。折るたびに軽く押さえる。

| 最終発酵 | | 焼成 |

軽く押さえて天板にのせる。

35℃ で **40分** 発酵。

表面にオリーブ油をはけでまんべんなく塗る。

油を塗って生地の乾燥を防ぐと、生地が伸びやすくなる。

> 縮む力が弱いので、生地はよく伸びるが破れやすいので注意。

めん棒を生地のまん中より奥側に置いて奥側に伸ばす。

17×30cmにカットしたオーブンシートにのせる。

3本指を下まで届くように押して、5列穴をあけ、塩をふる。

オーブンを250℃に予熱して上段に入れ、温度を220℃(スチームなし)に下げて15分、向きを変えて220℃(スチームなし)で3〜5分焼く。

> 穴をあけると平らに均一に膨らむ。焼いたとき、指で押した部分の生地が反発力で伸びる。

主材料＋副材料で作る
もっちりパン

湯種が入るので、
フォカッチャよりもでんぷんの
もちもち感が味わえます。
またバゲットのように焼いたときに
クープを破らないので、
水分が蒸発しにくく、
しっとりもっちり感が存分に楽しめます。
洋酒の風味も加わり、さらにおいしさがアップ。

材料	約10×25cmの もっちりパン1個分	

☐ 湯種

		ベーカーズ%
準強力粉(タイプER)	60g	30
熱湯	100g	50
Total	160g	80

☐ 本ごね生地

		ベーカーズ%
強力粉(ゆめちから100%)	60g	30
準強力粉(タイプER)	80g	40

＊粉類はポリ袋に入れて計量する。

湯種	160g	80
インスタントドライイースト	0.1g	0.05
塩	3.6g	1.8
きび砂糖	12g	6
水	80g	40
白いちじくのブランデー漬け	40g	20

＊白いちじく(乾燥)100gは1cm弱くらいの大きさに切る。保存容器に入れてブランデー20gを加える。3日後から使用できる。保存期間は冷蔵庫で約2週間。

Total	435.7g	217.85

☐ 仕上げ

強力粉(ゆめちから100%)	適量

工程

☐ 湯種

ミキシング
材料を混ぜてラップを密着→1時間おく(冷蔵庫で保存する場合は翌日まで使用可能)。

☐ 本ごね生地

ミキシング
こね上げ温度23℃
↓
一次発酵
17℃で20時間
↓
成形
↓
最終発酵
28℃で30分
↓
焼成
250℃で予熱→230℃(スチーム有り)で15分→向きを変える→250℃(スチームなし)で20分

湯種を作る

粉に熱湯を入れ、ゴムべらで手早く混ぜる。

小麦でんぷんをα化させる。グルテンは壊れる。

酵母を使わないので発酵ではない。

ダマがなくなったらラップを密着して1時間おく。

ミキシング

ミキシング

袋をふって混ぜる。

ボウルに湯種を加え、手でにぎりつぶすようにして大きなかたまりがなくなるまで湯種をほぐす。

もちもちとしてダマになりやすいのでほぐす。

本ごね生地を作る

ボウルに塩と砂糖を入れて水を加え、
ゴムべらで混ぜてよく溶かす。

粉の袋に
イーストを入れる。

ミキシング

粉を加え、手でにぎりながら粉っぽさがなくなるまでしっかり混ぜる。
カードで手とボウルについた生地をこそげ落とす。

ぎゅうぎゅう混ぜる。

小さいダマまでしっかりつぶす。

| 生地を台に出す。 | 指先で湯種のかたまりをつぶしながら20cm角くらいにしっかり広げ、指についた生地をカードで落とす。 |

1セットごとに指についた生地を落とす。

白いちじくを間隔をあけながら生地の上にのせる。

「カードで半分にカットする→重ねる→手で押さえる」を8回繰り返す。

カードで生地を集める。

「カードですくう→台に打ちつける→二つに折る→向きを変える」を6回×2セット行う。
1セットごとに台に打ちつける力を「弱→強」にする。

容器に入れて手でやさしくならし、
いちじくが見えていたら生地の中へ入れる。

こね上げ温度
23℃

これで生地を少しこね
ていることになる。

低温で長時間発酵する
ので表面をならす。

〈 発酵前 〉

〈 発酵後 〉

> べたつきやすいので、粉は多めにふっておく。

17℃で20時間 発酵。

台と生地に打ち粉をたっぷりふり、
容器の四辺にカードを差し込んで、逆さにして台に出す。

| 一次発酵 | 成形 |

向きを変えてひし形に置き、
手前の角を向かいの角近くに折る。

手前の角の生地を折った生地に
かぶせるようにして重ねてとじ、粉をはらう。

生地の両端を合わせる。　　　　　　　　　　　　　　　向きを変える。　　　　　　　　　　生地の両端を合わせる。

とじ目を上にして粉をはらい、
手前から奥側へ、
生地の1/3のところまで折る。

生地の端に左手の親指を置いて、ここから生地を折り込んでいく。

135

右手の親指のつけ根を生地に沿わせ、押さえて回しながら、生地を折り込んでいく。

最終発酵

28℃で30分 発酵。

45度の角度で中央のラインの両側に葉の模様のクープを入れる。

生地の両サイドに同じ長さの型（または本）を置いて、生地がゆるまないようにぎゅっとはさむ。

最終発酵直前にたくさんのクープを入れることで、粘りの強い生地がゆるみやすくなる。

生地の奥側に打ち粉をたっぷりふって、生地を転がす。

とじ目を下にして17×30cmにカットしたオーブンシートにのせる。

クープナイフの柄の部分で中央に幅5mmのラインをつける。

焼成

オーブンを250℃に予熱し、上段の天板に板などにのせて入れる。下段の天板に霧吹きをたっぷりと（60mlくらい）かけ、温度を230℃（スチーム有り）に下げて15分、向きを変えて温度を250℃（スチームなし）に上げ、20分焼く。

クープを破らないで生地をたくさん広げたいので、水蒸気をふんだんに使って生地を伸びやすくする。

パンの断面でわかること

でき上がったパンの断面を見ると、気泡や生地の膨らみ方などが一目でわかります。気泡の大きさや散らばり方、生地の膨らみ方、生地の詰まり具合などを比べてみましょう。

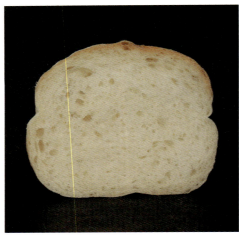

**主材料で作る
リーンな食パン／
強力粉の場合**
⇒作り方はP34参照

気泡が詰まって生地がぎゅっとなっているのがよくわかる。準強力粉の場合と比べてボリューム感が少ない。

**主材料で作る
リーンな食パン／
準強力粉の場合**
⇒作り方はP34参照

大小の気泡が全体に散らばっている。強力粉の場合と比べて一回り大きく膨らんでいる。

**主材料で作る
リーンなドゥミバゲット／
強力粉の場合**
⇒作り方はP50参照

気泡が詰まって生地がギューッとなっているのがよくわかる。準強力粉の場合と比べてボリューム感が少ない。クープの割れ方が小さめ。

**主材料で作る
リーンなドゥミバゲット／
準強力粉の場合**
⇒作り方はP50参照

大小の気泡が全体に散らばっている。強力粉の場合と比べて一回り大きく膨らんでいる。クープが大きく割れている。

**主材料＋副材料で作る
ふんわり食パン（あっさりタイプ）**
⇒作り方はP76参照

中心がきめ細かく、ふんわりとしている。ボリューム感がある。

**主材料＋副材料で作る
ブリオッシュ食パン（濃厚タイプ）**
⇒作り方はP88参照

二つの生地の反発力で縦に伸びているのがよくわかる。気泡が全体に広がってふんわり感がある。

**主材料＋副材料で作る
チョコとナッツのブリオッシュ**
⇒作り方はP96参照

大きな穴は焼成でチョコが溶けてきたもの。断面を見ただけでしっとりとした感じがよくわかる。

**主材料＋副材料で作る
パン・ド・ミ**
⇒作り方はP108参照

全体になだらかな山形に膨らんでいるのがよくわかる。大小の気泡が全体に広がっている。

**主材料＋副材料で作る
フォカッチャ**
⇒作り方はP120参照

工程の終盤で生地を指で押してつぶしたところも、反発力でしっかり伸びているのがよくわかる。

**主材料＋副材料で作る
もっちりパン**
⇒作り方はP128参照

湯種の力ででんぷん質がべっとりとしている。見るからにもっちりとした感じがよくわかる。

パン作りで聞きたかったQ&A

Q. 酵母がより元気なのは
「アルコール発酵」と「呼吸」のどちらでしょうか？

A. 「呼吸」はアルコール発酵の3倍の炭酸ガスが出てくるので膨らみやすく、エネルギーを多く貯金できます。だから酵母が元気なのは「呼吸」。その際、ガス抜きの作業を多く入れることがポイントです。エネルギーをたくさん貯金するためには炭酸ガスは邪魔な存在です。だから一次発酵の途中でパンチや分割・丸め、成形などの作業でガスを抜いて酵母を元気にします。ふわふわパンの場合、成形後に短時間で膨らむのは炭酸ガスを抜くからです。もしガス抜きをしないでほったらかしでパンを作ると、アルコール臭の強いパンになってしまいます。

Q. 塩をたくさん入れると
生地はよく引き締まるの？

A. 塩を多めに配合すれば生地は強く引き締まりますが、しょっぱくなってしまいます。そこで、塩を増やさずにもう少しだけ生地を引き締めたいときは、水の硬度を利用します。少し高い硬度の水で引き締め効果をアップさせれば、しょっぱくないパンを作ることができます。

Q. 食パンはグルテンたっぷりの粉を使うのが一般的なのに、
リーンな食パン（P34参照）でふわふわしなかったのはなぜ？

A. リーンな食パンは、伸びるお助け役（副材料）が何もないので、縮む力（ぎゅっ）がたくさん残っています。そのため、膨らみにくく目が詰まったような断面になり、皮はちぎれにくくなります。だからグルテンたっぷりの粉は、副材料と合わせて作ると、伸びやすい生地になってふんわり食パンになります。

Q. 一般的に「バゲットはこねすぎてはいけない」と
いわれるのはなぜ？

A. バゲットのようなフランスパンは、グルテンが多くないフランス産の粉を使い、膨らませる酵母量も少ないので、膨らみにくいパンです。そのため、グルテンたっぷりの粉（強力粉）を使うよりも、グルテンは少ないけれどゆるみやすい粉（準強力粉）を選びます。だからグルテンを壊さないようにこねることが大切です。ある程度やさしくこねて生地がゆるんだら、パンチを繰り返して少しずつ強くしていきます。

Q. **チョコとナッツのブリオッシュ（P96参照）や
パン・ド・ミ（P108参照）で、
45度ずつずらしながら生地を折り込んでいくのはなぜ？**

A. チョコとナッツのブリオッシュは副材料が多すぎるため、また、パン・ド・ミはポーリッシュ種というグルテンのつながりが弱い種も合わせて使っているため、グルテンの形成が難しい生地です。強くこねると生地が破れてしまうため、油脂を使って少し伸びやすい生地にしてパンチでグルテンを強くします。そのために45度ずつ6回重ね、逆回転にさらに重ねることで"複雑に"グルテンを絡みつけて、全体のボリュームを大きくするのです。

Q. **モルトシロップを
希釈して使うのはなぜ？**

A. 原液は粘りがあって計量しにくく、生地に混ざりにくいのですが、希釈すると計量しやすく、粉になじみやすくなります。モルトの希釈液はバゲットのようなミキシングの少ない生地を作るときに加えると、早く均一に混ざるので必要以上にこねすぎないですみます。

Q. **ドゥミバゲット（P50参照）の成形で生地を折り込んだとき、
裏側に斜めでなく（P62参照）まっすぐな
とじ目ができたらどんなパンになる？**

A. まっすぐになっているということは、生地を巻き込んだのではなく、押さえてとじているということです。押さえるということは生地をつぶしている場合があるということ。もしこの状態で最終発酵と焼成を行えば、つぶした部分だけが伸びにくくなって固くなり、おいしいパンとはいえない仕上がりになります。

Q. **市販の天然酵母といえば「ホシノ天然酵母」が有名ですが、
これは単一酵母ですか？**

A. 私も以前から「ホシノ天然酵母」が単一酵母なのか、複合酵母なのかをずっと知りたかったので、「ホシノ天然酵母」の土田耕正さんに直接お話をお聞きしました。答えは"独自に発見した単一酵母"。「ホシノ天然酵母」は自家製酵母の作り方に米麹のえさを与えています。これはショ糖（砂糖）を食べない酵母なので、元気がなく酵母の数も足りません。だからこね上げ温度と同じ環境で24時間かけてじっくり発酵させます。つまり、水と麹菌を使って酵母に効率よくえさを与え、麹菌はでんぷんを分解するお助け役として利用しています。

堀田 誠（ほった・まこと）

1971年生まれ。「ロティ・オラン」主宰。「NCA名古屋コミュニケーションアート専門学校」非常勤講師。高校時代にスイス在住の叔母の家で食べた黒パンの感動や、大学時代に酵母の研究室で学んだことがきっかけでパンに興味を持ち、給食パンなどを扱う大手パン工場に就職。そこで出会った仲間に「シニフィアン シニフィエ」（東京・三宿）の志賀シェフを紹介され、本格的にパンの道に進む。その後、当時志賀シェフの弟子だった3人とベーカリーカフェ「オラン」を開業。その後、「ユーハイム」で新店舗の立ち上げに携わったのち、再び志賀シェフに師事。「シニフィアン シニフィエ」に3年勤務したのち、2010年、パン教室「ロティ・オラン」（東京・狛江）をはじめる。著書に『ロティ・オランの高加水パン』（PARCO出版）、『「ストウブ」で、パン』（河出書房新社）がある。
http://roti-orang.seesaa.net/

デザイン
小橋太郎（Yep）

撮影
日置武晴

スタイリング
池水陽子

調理アシスタント
小島桃恵
高井悠衣

企画・編集
小橋美津子（Yep）

材料協力
クオカ（cuoca）
http://www.cuoca.com/
商品の問い合わせ：0120-863-639

誰も教えてくれなかった
プロに近づくためのパンの教科書

2016年4月30日　初版発行
2020年6月30日　5刷発行

著　者　堀田 誠
発行者　小野寺優
発行所　株式会社河出書房新社
　　　　〒151-0051　東京都渋谷区千駄ヶ谷2-32-2
　　　　電話　〈営業〉03-3404-1201
　　　　　　　〈編集〉03-3404-8611
　　　　http://www.kawade.co.jp/
印刷・製本　図書印刷株式会社

Printed in Japan
ISBN978-4-309-28572-6

落丁本・乱丁本はお取り替えいたします。本書のコピー、スキャン、デジタル化等の無断複製は著作権法上での例外を除き禁じられています。本書を代行業者等の第三者に依頼してスキャンやデジタル化することは、いかなる場合も著作権法違反となります。

> 本書の内容に関するお問い合わせは、お手紙かメール（jitsuyou@kawade.co.jp）にて承ります。恐縮ですが、お電話でのお問い合わせはご遠慮くださいますようお願いいたします。